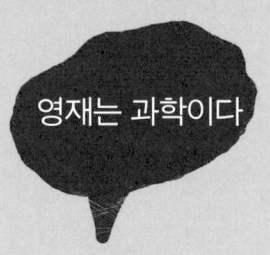

영재는 과학이다

영재는 과학이다

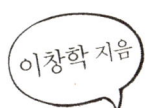
이창학 지음

프롤로그

우리 아이들에게도
진짜 교육을 시키고 싶습니다

대치동 학원가에 발을 내딛게 된 지 어느덧 12년째입니다. 우연한 기회였습니다. 미국 유학을 마치고 서울대에서 연구원으로 근무하다가 선배의 권유로, 아르바이트 삼아 시작한 강의… 별 기대도, 목표도 없었습니다. 그런데 그곳에서 참으로 주옥같은 아이들을 많이 만났고, 그 시간이 내겐 더없이 행복했습니다. 그 12년 동안, 과학올림피아드 국가 대표 수십 명을 배출한 덕분에 나는 대치동에서 꽤 유명해졌고, 입소문 난 최고 온라인 강의에도 명함을 내밀 수 있었습니다.

많은 이들에게 영재교육에 대한 질문을 받곤 합니다. 국내 최고의 영재들을 가르치는 행운을 누렸던 까닭이지요. 물론 나는 영재교육을 전공한 교육학자는 아닙니다. 하지만 생생한 현장에서 영재들과 함께 많은 시간을 보내면서 느낀 점도 많고, 그만큼 우리나라 영재교육에 대한 아쉬움도 많았습니다. 그래서 이곳, 사교육 현장에서라도 올바른 영재교육을 실현해보리라 의지를 다지기도 했습니다.

2005년부터 미국의 영재교육학회NAGC, 과학교사협회NSTA 학술대회에 매년 학원 선생님들과 참가했고, 해마다 미국 방문길에 오를 때마다 그곳의 영재교육기관들을 탐방했습니다. 영재교육 선진국의 노하우를 배우고 싶고, 소박하게나마 더 정직하고 올바른 영재교육의 기초를 일궈보고 싶었기 때문입니다. 그런 열망이 그 먼 곳까지 나를 이끌지 않았나 싶습니다. 뛰어난 재능을 가진 우리 아이들이 좀더 큰 꿈을 품고 자신의 재능을 원대하게 펼쳐, 개인을 넘어 사회와 인류 전체의 행복에 기여할 수 있는 길을 모색하고 싶었습니다.

물리학 전공자인 만큼 내가 가장 잘할 수 있는 분야는 역시 수학, 과학일 수밖에 없습니다. 이렇게 한정된 분야에서나마, 기초부터 올바른 수학·과학 영재 학습, 영재들이 행복하게 학습할 수 있는 자유로운 교육 프로그램을 실현할 수 있으리라는 믿음에 가슴이 두근거립니다.

이 책은 영재들과 함께한 경험의 결과입니다.

활짝 열린 시각으로 보면, 보다 많은 아이들이 영재라는 사실을 발견할 수 있습니다. 하지만 개인의 재능과 특성은 무시한 채 집단적이고 평균적으로 이루어지는 지금의 학교교육에서, 우리의 영재들이 적절한 교육을 받을 수 있을지는 의심스럽습니다.

물론 대한민국의 영재교육도 선진국의 경험을 양분 삼아 나날이 발전하면서 자기 자리를 찾아가는 과도기에 놓여 있습니다. 영재교육기관이 늘어나고 영재교육 수혜 대상자 역시 매년 놀라울 만큼 증가하고 있습니다. 그러나 아직은 어떻게 영재성을 발견하고 확인하고, 또 어떻게 해야 영재교육기관의 혜택을 받을 수 있는지에 대한 정보가 많지 않습니다. 21세기 한국에서 아이들의 영재성을 제대로 계발해 성공적인 인재로 키우려면, 부모가 먼저 적절하고도 정확하게 준비하고 대응해야 합니다.

이제는 대한민국의 아인슈타인을 키워야 할 때입니다. 아인슈타인의 위대한 가능성을 타고난 영재들, 이 아이들을 개인의 성공에 안주하는 평범한 인재가 아니라 세상을 바꾸는 위인으로 성장하게 하기 위해 무엇을 해야 할지 모색이 필요한 때입니다. 시험 점수만 올리는 주입식 교육에서 자유로운 창의성 교육으로! 단기적인 선행 교육에서 장기적인 원리 교육으로! 이제 영재교육에 대한 시각과 패러다임의 변화가 필요합니다.

작은 틀 안에 갇힌 채 반복적 학습, 교과 성적 향상만을 위한 암기 위주의 학습으로 내몰리는 아이들에게서는 진정한 영재의 탄생을 기대하기 어렵습니다. 부모의 사고 안에 존재하는 아이에 대한 고정된 틀을 깨뜨리고, 더 넓은 눈으로 아이들을 바라볼 때입니다. 유용한 영재교육 정보들을 통해 적극적으로 대처하고 과학적으로 준비해야 할 때입니다. 다행히도 선진적이고 좀더 바른 모습의 영재교육이 가능한 교육 환경의 변화가 이 땅에서 조금씩이나마 일어나고 있습니다. 이 변화를 공유하고, 그 안에서 좀더 효과적이고 올바른 영재교육의 방법을 함께 찾아갈 수 있었으면 합니다.

새로운 시대, 미래의 세대가 요구하는 영재상은 바로 창의적인 영재입니다. 그리고 보다 자유로운 사고가 창의적인 영재들을 탄생시킬 것입니다. 하지만 아직 우리네 학교와 사회는 권위적인 태도를 버리지 못했습니다. 이것이 창의적인 영재의 탄생에 걸림돌이 되지 않을까 우려됩니다. 이 땅의 영재들이 한껏 격려받고 칭찬받으며 스스로에 대한 긍지로 가득 찰 때, 비로소 진정한 인재로 우뚝 설 수 있을 것이기 때문입니다.

　이를 위해서는 영재성을 과학적으로 분석하고 시의적절한 환경과 프로그램을 마련해 영재 아이들이 마음껏 교육받을 수 있게 해야 합니다. 찬란한 빛을 감춘 영재들이 가정이나 학교의 그릇된 정보나 잘못된 교육 방식 때문에 자신의 재능을 포기하는 일이 없기를 바랍니다. 그리고 원석 같은 아이들을 보석으로 빛나게 하고자 노력하는 많은 부모님들에게 이 책이 조금이나마 도움이 된다면 좋겠습니다.

　이 책이 출판되기까지 격려를 아끼지 않은 ㈜위즈덤베이글의 김태영 사장님과 ㈜위즈덤하우스의 연준혁 사장님, 그리고 변변치 않은 글을 세상에 내놓을 수 있도록 정성을 다해준 편집부에도 고마움을 전하고 싶습니다. 전문적인 조언과 정확한 정보가 이 책을 통해 독자들에게 전달될 수 있도록 꼼꼼하게 자료 정리 등을 도와준 정은주, 손지향, 김영교, 강은애, 이재혁, 장선주, 최길우 씨를 포함한 ㈜한솔영재교육 모든 식구들에게도 감사의 마음을 전합니다.

　아울러 두 손 꼭 붙잡고 함께 미국행 비행기에 오를 때부터 내 곁을 지키며, 항상 든든한 지원군으로 마음의 짐을 함께 짊어져온 사랑하는 아내, 그리고 부족하기만 한 나를 항상 세워주고 이끌어주신 하나님의 은혜가 이 책을 세상에 내놓게 된 밑거름이었음을 고백합니다. 끝으로 함께할 수 있어서 행복했던, 많은 자유롭고 빛나는 영재들 모두에게 이 책을 바칩니다.

2011년 1월
이창학

프롤로그 _ 우리 아이들에게도 진짜 교육을 시키고 싶습니다 4

Chapter 1
우리 아이도 영재일 수 있다

IQ가 높아야만 영재일까?
*영재 vs 천재 vs 신동 14 *아이큐로 영재를 판별할 수 있을까 17

'공부를 잘하는 것'과 '창의력이 뛰어난 것'의 차이
*영재를 판별하는 세 가지 기준 20 *세 고리가 겹치는 '영재성 지점' 23

개성도 성격도 제각각인 영재들
*완벽한 기억력의 소유자 25 *악착같은 집념의 소유자 27 *눈부신 이해력의 소유자 29

가드너의 다중지능 이론
*모든 인간에겐 여덟 가지 지능이 있다 32 *내 아이도 영재일 수 있다 35

부모가 보지 못하는 내 아이의 영재성
*누구나 영재가 될 수 있다고? 39 *아이의 감춰진 영재성을 찾아라 42

Chapter 2
유아기에도 특별한 영재교육이 필요할까

영재성은 유아기부터 관리되어야 한다
*인간 지능의 8할은 유아기에 발달한다 46 *1달러의 투자로 7.16달러를 절약한다 48

유아의 사고력을 키워라
*지나친 영어교육은 경계해야 한다 51 *유아를 위한 사고력 영재교육 52

영재냐, 둔재냐?
*결정적 유아기, 무엇을 시도할까 58 *아이의 영재성을 깨우는 사고력 교육 59

아이의 영재성에 날개를 달다
*전문가가 추천하는 사고력 학습 방법 3가지 67

Chapter 3
학교 성적도 영재성의 지표다

평생 성적, 초등학교 때 결정된다?
*점수가 아니라 '동기'를 키워야 할 시기 74 *노력하지 않으면 영재가 아니다 77

선행 학습, 영재에겐 독이다?
*무엇을 위한 선행학습인가 81 *어떤 선행 학습이어야 할까 84

반복과 훈련이 성적을 올리는 비법은 아니다
*반복과 암기가 최고의 교육방법이라고 믿지 말라 89 *이해 없는 반복학습은 무익하다 91

영재는 모든 과목에서 뛰어나다?
*엄친아, 우리 시대의 슬픈 자화상 95 *국제물리올림피아드 금메달의 비결 97

독서는 교과 성적의 밑거름이다
*독서와 학교 성적의 상관관계 101 *책 읽기의 힘으로 챔피언이 되다 104

Chapter 4
자기주도형 영재로 성장하게 하라

한국 학생들은 정답이 있는 문제에 강하다
* 박사과정, 별것 아니잖아! 110 * '보이지 않는 답'을 찾아라 112

발상은 바꾸고 상식은 깨라
* 작은 의문이 세상을 바꾼다 116 * '상식의 틈새'에 길이 있다 119

21세기는 이런 인재를 원한다
* 잡스처럼 생각하라 122 * "Crazy Time, Crazy People" 125

'자유로운 상상'이 창의적 영재를 낳는다
* 자유롭게 조합하라 128 * 새로움은 '말도 안 되는 생각'에서 나온다 130

어떤 영재로 키울 것인가
* 퍼듀 3단계 모형 133 * 스스로 결정하는 '자기만의 꿈' 135

Chapter 5
수학 · 과학 영재를 위한 살아 있는 기초 교육

살아 있는 공부, 깨어나는 영재들
* 생물은 암기 과목이 아니다 142 * 죽은 지식, 살아 있는 지식 144

미국 영재학교 참관기
* 자연이 교실이다 146 * 멘델레예프 따라 하기 149

먹이를 주지 말고 사냥법을 가르쳐라
* 답이 아니라 문제를 먼저 생각하라 152 * '지식 자극'이라는 이름의 씨앗 154

생각은 경험에서 나온다
* 창의적 문제해결력을 기르는 과학 학습법 157

수학의 매력을 맛보게 하라
* 열정과 몰입이 창의적 인재를 낳는다 167 * 수학은 인문학이다 170

Chapter 6
대한민국 영재교육 로드맵

영재교육기관을 활용하라
*영재교육의 출발 176 *영재교육기관의 종류 177

영재교육원, 어떻게 들어갈까?
*영재교육원 입학 전략 183 *영재성 판별 검사 준비 전략 187

영재학교, 어떤 곳일까?
*고교 과정의 영재학교별 특성 197

영재학교와 과학고, 무엇이 다를까?
*과학고가 영재학교로 바뀐 이유 204 *과학고와 영재학교의 차이점 206

영재학교와 과학고, 어떻게 들어갈까?
*나의 영재성과 의지를 증명하는 방법 211 *사고 확장을 위한 선행 학습이 필요하다 214
*마라톤 완주를 위한 계획을 세워라 216

Chapter 7
영재들의 대학입시

영재를 반기는 국내외 명문 대학들
*수능성적 없이도 명문대에 진학할 수 있다 222 *점수의 시대는 지나가고 있다 225

해외 명문 대학에서 공부하는 한국의 영재들
*예비 글로벌 리더를 꿈꾸며 229 *보다 넓게, 보다 크게 꿈꾸자 231

최후의 승자가 되어라
*기회는 얼마든지 있다 234 *끝없이 도전하는 자에게 길이 열린다 236

에필로그 _ 행복한 영재들에게 240

Chapter 1

우리 아이도 영재일 수 있다

IQ가 높아야만 영재일까?

영재 vs 천재 vs 신동

작은 체구에 창백한 피부, 두꺼운 안경을 끼고 교실 구석에 조용히 앉아 지내는 외톨이, 그러나 아무도 풀지 못하는 어려운 문제를 단숨에 척척 풀어내는 '비상한 두뇌'의 소유자…….

영화에서 이런 캐릭터가 등장하면 관객들은 여지없이 '천재' 혹은 '영재'를 떠올린다. 몸은 약골이지만 굉장히 똑똑한 사람, 이것이 대중매체를 통해 오랫동안 각인되어온 영재의 이미지다.

"영재란 어떤 사람일까요?"

영재성과 관련된 강의를 할 때마다 내가 청중에게 자주 던지는 질문이다.

대다수 사람들이 '영재'를, 지적인 능력이 뛰어난 사람, 공부를 잘하는 사람, 지능이 월등히 높은 사람, 또는 앞서 말한 '안경잡이 수학 박사'의 고정된 이미지를 떠올린다. 과연 그럴까? 정말 그런 사람들이 영재일까? 흔히 말하듯 단순히 지능이 높은 사람만을 의미하는 것일까?

우리는 '영재'라는 말을 '천재', '신동'과 자주 혼용한다. '천재', '신동'의 사전적인 정의를 살펴봐도 큰 의미 차이는 없지만, 이렇게 구분 지어 정의를 내릴 수 있겠다. 먼저 '천재Genius'란 하늘이 내린 재능이라 할 정도의 뛰어난 능력을 타고나 인류의 삶에 지대한 영향을 미친 창조적 업적의 소유자들을 말한다. 그리고 '신동Prodigy'은 어른에 버금가는 재능을 발휘하거나 어른보다 더 뛰어난 능력을 보이는 10세 이전의 아이를 뜻한다. 이 두 가지 낱말 모두 '선천적으로 뛰어난 능력을 타고났다'는 의미를 포함한다. 즉, 같은 시간과 같은 노력을 기울여도 보통 사람과는 비교되지 않는 탁월함을 나타내는 특별한 존재라는 것이다.

하지만 '영재Gifted & Talented'라는 말에는 천재나 신동과는 약간 다른 의미가 있다. 영재는 '탁월한 잠재력'을 지닌 사람으로서 '창의적인 산출물'을 내거나 그럴 가능성이 있는 사람을 말한다. 이 정의에서 간과하지 말아야 할 것은, 영재가 이미 업적을 낸 사람일 수도 있지만 아직 이렇다 할 업적이 없는 사람일 수도 있다는 점이다. 그리고 영재와 보통 사람을 구분 짓는 절대 기준으로 '탁월한 잠재력의 소유 여부'를 꼽는다는 점이다.

사실 영재를 규정하려는 노력은 아주 오래전부터 이어져왔다. 하지만 '탁월한 잠재력', 즉 '영재성Giftedness이라 불리는 능력을 어떻게 측정할 것인가?' 그리고 '어떤 능력을 영재성으로 볼 것인가?' 등의 문제 때문에, 모두에게 보편적으로 인정받는 완벽한 정의는 아직 찾지 못했다.

이러한 혼란 속에서 '영재를 어떻게 정의할 것인가?'라는 문제는 시대에 따라 조금씩 다르게 반영되었다. 1920년대에는 영재를 지능지수IQ와 학업 성취도에 따라 정의하려 했고, 오늘날에는 사회 가치와 현실 상황에 대한 태도나 성향까지 포함하는, 보다 종합적이고 세분화된 모습으로 발전해왔다.

영재를 '지능'이라는 준거에 따라 규정한 터먼Lewis Madison Terman, 1925 박사 팀의 연구에 따르면, 아이들을 대상으로 스탠퍼드-비네 지능검사 Standford-Binet Intelligence Scale를 실시해 IQ 135 이상(상위 1% 이내)을 영재로 규정하려 하였으며, 미국 교육위원회Marland, 1972는 IQ가 상위 3~5% 이상이면 영재로 인정하는 매우 보수적인 기준을 제시하기도 했다. 그러나 이 기준을 그대로 적용해 'IQ가 상위 3~5% 이내인 사람은 영재다'라고 가정할 경우 어쩔 수 없이 몇 가지 함정에 빠지게 된다.

첫째, 지능검사의 결과인 IQ는 정규 곡선 안에서 자신의 능력이 어느 수준인지 정확히 그려볼 수 있게 해주기는 하지만, 개인의 능력 중 극히 한정된 부분만 측정될 뿐 영재 행동을 낳는 많은 요인을 모두 측정할 수 있는 것은 절대 아니라는 점이다.

둘째, 아무리 능력이 특출해도 지능검사를 통해 미리 선택받지 못한 소수의 아이들은 추가적인 교육 기회를 접하지 못하거나 특별한 영재 관리 프로그램 밖에 놓이게 된다는 점이다.

이러한 문제점에도 불구하고 3~5% 이내의 사람들이 영재라는 보수적인 정의가 대다수 사람들에게 수용되면서, 우리나라에서도 영재에 대한 다각적이고 진보적인 정의를 묵과한 채 여전히 '지능지수 상위 3%' 이내에 드는 아이들이 영재라는 가정 하에 영재 아동 판별의 첫 관문으로 '웩슬러 지능검사Wechsler Scale of Intelligence'를 실시하고 있다.

아이큐로 영재를 판별할 수 있을까

흔히 '아이큐 검사'라고 불리는 웩슬러 지능검사는 현재까지 영재 판별을 위해 가장 널리 쓰이는 검사 방법이다. 웩슬러 지능검사에서는 지능을, '언어성과 동작성이라는 두 가지 개별적인 능력으로 존재하지만 다차원적인 속성을 지닌 전반적인 지적 능력'으로 보고, 이를 측정하기 위해 다양한 하위 과제(상식, 어휘, 이해, 미로 찾기, 토막 짜기 등)를 설정한다. 이들 과제의 합산 점수를 피검자(아동)의 지능을 나타내는 수치로 환산한 것이 바로 IQ다.

언어성 지능 Verbal intelligence
언어성 IQ는 아동이 속한 문화나 교육, 환경으로부터 배우고 경험한 지식이 어느 정도 누적되어 있는지를 나타내는 지수이다. 주로 어휘, 언어적 연상, 언어적 이해, 언어적 표현 등 언어적 지능을 측정한다.

동작성 지능 Performance intelligence
동작성 IQ는 구체적인 재료를 가지고 어떤 작업이나 동작을 통해 지능을 측정한다. 주로 시각적 형상을 인지하는 능력과 이 형상들을 빠른 속도로 조직하는 능력을 나타낸다.

전체 지능 Full Scale intelligence
동작성 지능과 언어성 지능이 총체적으로 반영된 한 개인의 지능지수

웩슬러 지능검사의 장점은 넓은 범위의 연령대에 걸쳐 일정한 능력들을

웩슬러 지능검사 소 검사항목

언어성	동작성
✓ 상식	✓ 빠진 곳 찾기
✓ 공통성	✓ 차례 맞추기
✓ 산수	✓ 토막 짜기
✓ 어휘	✓ 모양 맞추기
✓ 이해	✓ 기호 쓰기
✓ 숫자 외우기	✓ 미로 찾기

비교적 지속적으로 측정할 수 있다는 점이다. 따라서 한 개인의 능력 변화를 오랜 기간 추적하거나, 연령이 다른 둘 이상의 집단 간 지능검사 점수를 비교할 수 있다.

이러한 측면에서 볼 때 현재 실시되고 있는 지능검사가 완전하지는 않더라도, 한 아이의 지적 능력을 같은 나이의 다른 아이들과 비교해볼 수 있는 중요한 수단인 것은 분명하다. 실제로 학교 현장에서는 교사들이 관찰과 평가를 통해 아이들의 잠재력을 가늠해볼 필요가 있다.

그렇다 해도 지능지수는 개인의 잠재력을 평가하는 하나의 수단일 뿐이다. 또한 웩슬러 지능검사가 다른 심리검사에 비해 안정적인 결과를 제공하긴 해도, 지능지수라는 것이 절대적으로 고정된 숫자가 아니기 때문에 측정할 때마다 5~10점, 심지어 20점까지 결과의 차이를 나타내기도 한다. 가령 아이가 시험문제 출제자의 의도를 이해한 정도, 시험장의 환경, 아이의 컨디션 등에 따라 얼마든지 점수가 바뀔 수 있다.

실제로 제이콥스 박사Jacobs, 1971의 연구에서도 밝혀졌듯이, 오랜 시간 관찰을 담당한 교사들에게 영재로 인정받지 못한 아이들의 50%가 개별 지능검사에서 영재로 판별되었고, 교사들이 영재라고 판별한 아이들 가운데 10%는 영재가 아닌 것으로 드러나기도 했다. 또한 고도 영재아의 약 25%는 교사들에게 영재로 인정받지 못했다.

그렇다면 영재를 '탁월한 잠재력'을 지닌 사람으로서 '창의적인 산출물'을 내거나 그럴 가능성이 있는 사람이라고 가정했을 때, 과연 전형적인 지능검사로 영재를 판별하는 것이 적절한 방법일까? 지능검사의 측정 대상은 학습된 요소에 국한될 뿐, 예기치 않은 상황에서 발휘되는 독창적이고 창의적인 능력은 측정할 수 없기 때문이다.

이러한 의미에서 지능검사 결과만으로 영재성을 판별하는 것은 매우 부적절하다고 볼 수 있다. 더구나 미래 사회의 교육 패러다임은 공부만 잘하는 수재보다는 사회적 성취의 잠재력을 갖춘 보다 창의적인 영재를 필요로 하고 있다. 물론 웩슬러 지능검사의 결과가 좋을수록 잠재적 영재성이 발휘될 확률이 좀더 높고, 이후의 학습 과정에서 얼마나 두각을 나타낼 것인가를 미루어 짐작할 수 있다는 점에서는 어느 정도 필요조건이 될 수 있다. 하지만 영재를 판별하는 충분조건은 아니다.

'공부를 잘하는 것'과 '창의력이 뛰어난 것'의 차이

• • • • • • • • •
영재를 판별하는 세 가지 기준

1969년 미국 존스홉킨스 대학에 열세 살짜리 학생이 입학했다. 그리고 이듬해인 1970년에는 고교 1학년생이 합격했다. 영재를 조기에 발굴해 상위 단계의 교과 과정을 미리 이수하게 하는, 이른바 '속진교육'이 시작된 것이다. 줄리언 스탠리 교수의 이 실험은 성공적이었고, 마침내 존스홉킨스 대학의 영재 센터 모형은 미국 열아홉 개 주로 확산되었다. 또한 그의 이론에 따라 고교 과정에 대학학점선이수제도AP, Advanced Placement가 도입되기도 했다.

그러나 "빨리 배운 영재들이 세상을 얼마나 바꾸었는가?"라는 의문을 제기하며 속진교육 제도에 반기를 든 사람이 있었다. 그가 바로 영재교육의 세계적인 권위자인 조지프 렌줄리Joseph Renzulli 교수다. 그가 말하는 '세상을 바꾸는 인재'란 최연소 합격자 같은 '성취적 영재(교과 영재)'가 아니라 '창의적·생산적 영재'이며, 이것은 곧 '공부를 잘하는 것'과 '새로운 것을 창조해내는 것'의 차이이기도 하다.

창의적·생산적 영재가 반드시 똑똑한 것은 아니지만 비교적 과제집착력과 창의성이 뛰어나기 때문에 세상을 변화시키는 힘이 있다는 것이 그의 생각이었다. 역사적으로 탁월한 업적을 남긴 사람들은 대개 성취적 영재보다는 창의적·생산적 영재가 더 많으며, 실례로 인공 심장을 개발해 인류에 공헌한 로버트 자빅Robert Jabick 박사의 경우, 고교 성적과 미국 대학수학능력시험SAT 성적이 좋지 않아 미국 내에서는 진학하지 못하고 이탈리아로 건너가서야 의과대학에 입학할 수 있었다.

그렇다면 창의적이고 생산적인 영재의 조건은 무엇일까?

1970년대에 렌줄리 교수는 기존의 '지능'을 바탕으로 한 영재 판단 기준

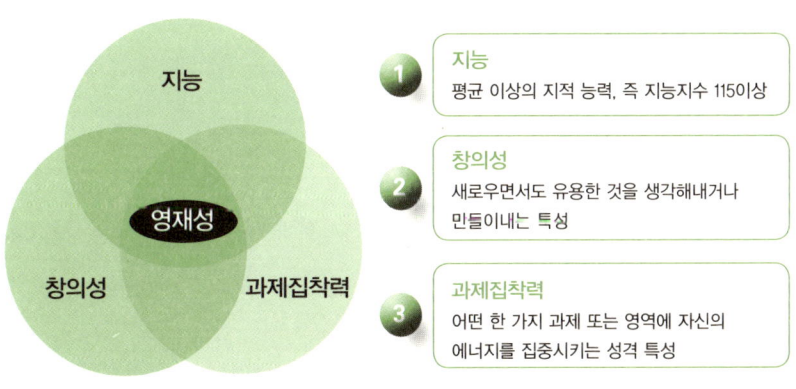

렌줄리의 세고리 개념 정의

에서 벗어나 '영재성의 세 고리three-ring conception of giftedness'라는 개념을 발표해 영재성의 새로운 개념을 제시했다.

렌줄리는 위의 세 가지 영역 모두 상위 15% 안에 들고, 이 가운데 한 가지 분야에서 상위 2% 안에 들어야 특별한 재능을 가진 영재라고 정의했다.

렌줄리가 영재성 발현에 필요한 첫번째 능력으로 꼽은 것은 '지능'이다. 일반적으로 특정 영역에서 탁월한 성취를 이룬 영재들은 지적인 면에서도 매우 뛰어난 능력을 지녔으리라 생각하기 쉽지만, 연구 결과에서는 평균 이상 정도의 능력이면 충분한 것으로 나타났다. 실제로 학생으로서의 학업 성취 정도와 성인으로서의 성취 정도 사이에는 상관관계가 낮다는 보고들이 발표되면서, 지능검사와 같은 표준화 검사에서 평균 이상의 결과를 얻은 사람이라면 누구나 영재가 될 가능성이 있다는 주장까지 제기되기도 했다.

두번째 능력은 '창의성'이다. 창의성은 '새로움에 이르게 하는 개인의 사고 관련 특성'으로 설명할 수 있다. 이는 영재를 정의하는 개념에서 매우 중요한 요소이긴 하지만, 창의성을 측정하는 방법에는 아직까지 많은 문제가 남아 있다. 영재들의 확산적 사고의 방식을 알아보기 위한 창의성을 측정할 때는 각별히 주의를 기울여야 하며, 특히 '영재성'은 좀더 다양한 방식으로 평가해야 하기 때문이다.

세번째는 과제집착력이다. 이는 한 가지 과제나 영역에 자신의 에너지를 집중시키는 힘을 말한다. 타고난 능력보다 과제에 대한 열정이 영재성을 형성하는 중요한 요인이라는 점에 많은 학자들이 동의하며, '열정 없는 능력이나 능력 없는 열정은 생각할 수 없다'라는 말로 과제집착력의 중요성을 역설하기도 했다.

세 고리가 겹치는 '영재성 지점'

렌줄리의 이론에 비춰 보면, 세 개의 고리를 모두 갖고 태어나는 사람도 있고 두 개, 혹은 한 개만 갖고 태어나는 사람도 있을 수 있다. 또한 정도의 차이에 따라 어떤 이는 큰 고리를, 또 어떤 사람은 작은 고리를 갖고 태어나기도 한다. 다시 말해 사람마다 선천적으로 고리의 수와 크기가 서로 다르다는 것이다. 이것을 흔히 '유전인자'라고 한다. 영재와 보통 사람은 타고난 고리의 수와 크기에서 다소 차이가 난다. 보통 사람은 고리의 크기가 작거나 한두 개의 고리가 없는 반면, 영재들은 커다란 세 개의 고리를 모두 갖고 태어난다.

영재성은 바로 이 세 개의 고리가 겹치는 부분을 말한다. 즉 평균보다 높은 지능과 높은 창의성, 끈기와 집념으로 일을 완수하는 과제집착력이 다 함께 공존하는 상태인 것이다. 이 중 한 가지라도 부족하면 영재가 아닐 확률이 높아지며, 선천적인 조건과 후천적인 조건 중에서 어느 한 가지라도 빠지면 영재성이 발휘될 가능성이 그만큼 적어진다.

렌줄리의 '세 고리 모델'은 지능지수IQ라는 개념을 주축으로 인지적 요소만 평가하던 기존의 영재 판별 방법에 과제집착력(동기)과 같은 비지적인 요소를 포함시켰다는 측면에서 의의가 크다. 이후 터먼 같은 학자들이 목표 달성을 위한 지속력과 통합력 및 자신감 같은 성격적 요인이 영재의 성공 여부를 결정짓는다는 사실을 추가로 밝혀내면서, 렌줄리의 이론은 더욱 큰 힘을 얻었고 지금까지도 널리 받아들여지고 있다.

단순히 지능이 높다고 해서 영재는 아니다. 또한 아무리 타고난 능력이 탁월하고 부모나 교사의 가르침이 훌륭해도 스스로 노력하고 연습하지 않으면 절대 성공할 수 없다. 1,800번의 시행착오 끝에 전구를 발명해낸 에디슨처럼, 날아가는 새를 보고 수많은 실패를 경험하며 최초로 비행기를 만들어낸 라이트 형제처럼, 영재성을 발현하는 데에는 비지적인 요소가 반드시 필요하기 때문이다. 그러나 영재성의 세 고리 모델은 아직 성취를 이루지 못한 어린아이들에게는 적용하기 어렵다는 한계를 지니고 있다. 또한 렌줄리 모형에서 영재성의 필수 요소로 제시한 창의성 역시 반론의 여지가 없는 것은 아니다. 가령 이런 사람들이 가진 능력은 어떻게 설명할 수 있을까?

- 세계적으로 유명한 운동선수나 음악가
- 여러 언어를 동시에 통역해내는 사람
- 능숙한 기술을 바탕으로 장인정신을 발휘하는 예술가

창의성이라는 한 가지 능력은 인간의 노력이 요구되는 어느 분야에서 뛰어난 수행이냐 아니냐를 구분하는 요소는 될 수 있지만, 모든 영역에 두루 통하는 것은 아니다. 따라서 창의성은 영재성이 표현될 수 있는 여러 영역 중 일부로 간주되어야 할 것이다.

영재 판별 과정에서 지적 능력이나 학업 성적도 나름대로 중요하다. 하지만 이것만으로는 부족하다. 영재성의 발현에서 매우 중요한 요소라 할 수 있는 과제집착력과 창의성은 프로젝트와 같은 장기적이고 복잡한 과제를 추진해나가는 방식 등을 다양한 관점에서 지켜보며 평가해야 한다.

개성도 성격도 제각각인 영재들

완벽한 기억력의 소유자

수연이를 만난 것은 초등학교 6학년 때였다. 초롱초롱한 눈에 머리를 가지런히 빗어 넘겨 좁은 미간이 보송보송하게 드러난 야무진 여학생이었다. 말도 없고 수줍어하기도 했지만, 수업 시간에 반짝반짝 빛나던 눈망울이 매우 인상적이었다.

곧은 자세로 앉아 선생님의 말을 경청하는 전형적인 모범생의 모습이었다. 쉬는 시간에 친구들과 농담을 주고받으며 천진한 미소를 지을 때는 역시나 어린 초등생일 뿐이었다. 학습에 그리 적극적이진 않았지만, 수업 시간에 보여주는 집중력은 지금까지도 나의 기억 속에 또렷이 남아 있을 정도다.

Chapter 1 우리 아이도 영재일 수 있다

수연이는 수업 내용 평가에서 또래 아이들보다 월등한 성적을 보였고, 내 나름대로 그 아이를 관심 있게 지켜보게 되었다. 나와 가까워지자, 수연이는 다른 아이들과 달리 쉬는 시간마다 내가 있는 원장실로 무람없이 찾아왔고, 이런저런 잡담까지 나눌 정도로 친해졌다. 주변에서 원장님 딸이 아니냐는 이야기가 나올 정도로 수연이는 친구, 부모 형제, 학교 성적 이야기를 스스럼없이 풀어놓았다.

수연이가 학교 내신 시험에서 전교 1등을 놓쳐본 적이 없다는 얘기를 듣고 그 비결을 물어보았다. 수연이는 사회, 국사 등 소위 암기 과목이라 불리는 과목에서는 한 문제도 틀려본 적이 없다고 대답했다. 따로 공부하지는 않고, 수업 시간에 열심히 듣고 시험 전날 교과서를 한번 넘겨보면 글, 그림이 모두 머릿속에 사진이 찍히듯 기억된다고 했다. 그래서 도저히 틀릴 수가 없었다고. 생물학을 전공한 학생들 가운데 이런 기억력을 가진 친구가 있었다는 얘기는 들은 적이 있지만, 내 눈으로 직접 보니 신기하기만 했다.

그 후 수연이는 과학고로 진학했다. 과학고에서 물리 시험을 보기 전, 시험 대비 강의를 해준 적이 있었다. 과학고 시험에 나오는 심화 문제들을 정리해 풀이해주는 강의였다. 수연이는 수업 시간에 열심히 문제를 풀고 나서는 쉬는 시간이 되자, 늘 그렇듯이 원장실로 나를 찾아왔다.

"선생님, 1년 전에 경시대회 대비할 때 똑같은 문제를 푼 적이 있는데, 그때는 선생님이 이런 방법으로 풀지 않았어요."

내 입이 다물어지지 않았다. 나는 별도로 해법을 외우지 않고 그 자리에서 학생들과 같이 문제를 풀어나가기 때문에 수업 때마다 조금씩 풀이 방법이 다르다. 하지만 1년 전에 풀이했던 그 많은 문제 가운데 오늘 푼 것과 같은 문제가 있었다는 사실을 알아낸 것도 신기했지만, 그 풀이 과정까지 그대로 기억하고 있다는 사실에 놀라움을 금치 못했다.

하지만 수연이에게도 약점이 있었다. 한번 접했던 문제나 개념을 절대 잊어버리지 않기 때문에 새로운 해법이나 낯선 접근 방식, 그리고 처음부터 문제에 다양하게 접근해 자기만의 창의적인 방식으로 해결하는 데에는 취약할 수밖에 없다. 이미 정답으로 가는 길이 뇌리에 선명하게 박혀 있어 다른 방법의 필요성을 인정하지 않기 때문이다. 이런 영재들은 의학 분야에서 능력을 발휘하는 경우가 많다. 수연이 역시 서울대 의과대학에 진학했다.

악착같은 집념의 소유자

재원이는 과학고 입학이 확정된 중3 때 고등부 올림피아드를 준비하기 위해 나를 찾아왔다. 이미 서너 달 전부터 학습을 시작한 그룹이 있어서, 재원이는 그 그룹에 바로 합류하지 못하고 겨울방학이 시작될 때 새롭게 구성된 그룹에 들어갔다. 아무래도 1년이 조금 안 되는 기간 동안 준비하는 시험이라 조금이라도 일찍 시작한 학생들이 성적도 앞서고 유리할 수밖에 없었다. 그리고 솔직히 재원이는 물리의 개념을 이해하는 속도나 어려운 문제를 맞닥뜨렸을 때 창의적으로 해결하는 방식 등에서 함께 공부하던 다른 학생들보다 그리 뛰어나지는 않은 듯 보였다.

당시 올림피아드 시험은 9월에 실시되었는데, 겨울방학이 끝나가는 2월에 들어서면서부터 재원이는 점차 두각을 나타내기 시작했다. 그리고 1학기가 지나면서 자기보다 일찍 시작한 학생들과의 실력 격차마저 조금씩 줄여갔다.

여름방학 동안은 집중 학습을 할 수밖에 없다. 방학이 끝나자마자 바로 올림피아드 시험이기 때문이다. 그래서 여름방학 동안은 아침 10시부터 오후 5시까지 거의 매일같이 학원 수업이 있었다. 체력이 안 되는지 재원이는 수업 시간 내내 졸기도 하고, 어떤 때는 아예 엎드려 자기도 했다. 하지만 1주일에 한 번씩 치르는 모의 평가 시험에서는 이미 선두권에 진입해 있었다. 그리고 마침내 한국물리올림피아드에서 금상을 수상하고, 겨울에 국가 대표로 선발되어 국제물리올림피아드에서 또다시 금메달을 수상했다. 현재는 미국의 캘리포니아 공과대학에서 물리학을 전공하고 있다.

국제물리올림피아드 국가 대표로 선발된 뒤에 재원이가 했던 말이 내 뇌리를 떠나지 않는다.

"선생님, 저 여름방학 때 죽는 줄 알았어요. 학원 수업 끝나면 집에 가서 그날의 수업 내용이며 7~8개월 동안 수업한 내용을 혼자서 모조리 복습했거든요. 그러다 보면 날이 새고 아침 먹고 바로 학원에 왔죠. 그리고 학원에서 쪽잠 자고 수업 듣고, 그리고 집에 가선 또 밤을 새우고 그랬어요."

그렇게 실력이 가파르게 성장한 데에는 그만한 이유가 있었던 것이다. '과제집착력'이라는 영재성의 덕목이 이 정도로 지독하게 잠재되어 있는 학생은 본 적이 없다. 재원이는 수개월 동안 몇천 개에 달하는 복잡한 올림피아드 수준의 문제를 스스로 풀이하고 유형별로 정리해 자신의 파일에 정리해 놓기도 했다. 12년간 올림피아드를 대비해 강의해왔지만, 재원이 같은 학생은 더는 만나보지 못했다.

목표를 정하고 의지를 불태워가며 집념 있게 돌진하는 것도 영재에게 꼭 필요한 덕목 중 하나이다. 재원이는 그런 의지가 어떤 열매를 낳는지 보여준 좋은 예다.

눈부신 이해력의 소유자

예의 바른 치영이는 요즘도 가끔 인사차 나를 찾아온다. 외모만 보면 전혀 영재 같지 않다. 초등학교 6학년 때부터 대학 진학 때까지 쭉 지켜본 터라 치영이에 대한 느낌은 각별하다. 상당한 거구의 소유자인 치영이에게 "너, 몸무게가 얼마나 나가니?" 하고 물어본 적이 있다. 녀석은 "제 IQ하고 거의 비슷할걸요?"라고 대답했다.

6학년을 대상으로 한 강의는 그때가 처음이었다. 1990년대 중반, 과학고에서 지필 본고사로 학생을 선발하던 시절의 문제들을 이용해 물리 심화 강의를 했다. 전공자한테야 그다지 어렵지 않은 문제였지만 실수할 여지는 얼마든지 있었다.

강의를 시작한 지 얼마 지나지 않았을 때였다. 그 당시까지만 해도 약간 통통한 편이었던 치영이는 맨 앞줄에 앉아 눈을 초롱초롱하게 뜨고 내 말을 열심히 듣고 있었다. 그러던 중 내가 그만 문제를 잘못 이해해 계산 실수를 하고 말았다. 그러자 치영이가 물리학 박사인 나에게 조심스럽게 말했다.

"선생님, 이런 의도의 문제인 것 같은데요? 선생님이 잘못 이해하신 것 같아요."

치영이의 말에, 나는 곧바로 내 실수를 알아차렸다.

"네 말이 맞다. 내가 잘못 봤네! 그 방법으로 다시 풀이해보자."

치영이의 지적은 자신이 이해한 수업 내용에 대한 당당한 자신감에서 비롯된 것이었다. 이런 자신감은 빠른 이해력에서 나온다.

하나를 가르치면 열을 깨우치는 영재, 내가 아는 치영이가 바로 그런 영재였다. 학교 성적이 우수한 영재들만 모인 교실이었지만, 몇 번씩 풀이를 반복하면서 천천히 이해시켜야 할 만큼 쉽지 않은 내용이었다. 사실 원리만 깨달으면 학생들 스스로 응용해 이해할 수 있는 내용이었지만, 그 과정이 쉽지 않아 모든 과정을 세심하게 체크하고 설명해주어야 했다. 그런데 치영이는 이런 과정을 매우 지루해했다. 스스로 이미 사고를 확장하고 나름의 응용을 통해 자기 개념과 원리를 바로 체득했기 때문이다.

치영이 역시 과학고에 진학해 나와 함께 물리올림피아드를 준비했다. 치영이의 특징은 모든 문제를 자기 나름대로 풀이한다는 점이다. 그리고 이를 굳이 기억하려고 하지 않는다. 같은 문제라도 새롭게 맞닥뜨릴 때마다 새로운 해결 방법을 찾기 때문이다. 그 풀이 방법도 아주 간단하다. 내가 풀이해주면, "이렇게 풀어도 되죠?" 하면서 자신의 간결한 풀이를 내게 보여준다. 이렇게 영재들을 가르치다 보면 오히려 배우는 게 더 많아진다.

하지만 치영이는 이해와 사고 확장이 빠른 반면 다소 느긋한 편이다. 무슨 일에든 쫓기는 법 없이 여유가 있다. 잠도 충분히 잔다. 학습 속도가 빠르기 때문에 상대적으로 여유가 있고 긴장도 덜 한다. 하지만 이런 느긋함이 약간의 게으름으로 바뀌는 경우도 있다. 물론 영재들과 상대적으로 비교했을 때의 얘기다.

치영이는 올림피아드 국가 대표 선발 시험 전날까지도 TV를 보고 만화책을 읽으며 여유를 부리다가 안타깝게도 시험에서 탈락했다. 이런 느긋한 성격이 단기적인 성과를 내는 데에는 불리하게 작용하기도 한다. 물론 지금은 미국 캘리포니아 주립대학 버클리 캠퍼스에서 응용물리를 전공하면서 행복한 학업을 지속하고 있다. 그리고 앞으로도 치영이가 학업에서 뛰어난 성취를 이룰 것이라고 굳게 믿는다.

사람마다 생김새가 다르듯, 아이들이 지닌 영재성도 참 제각각이다. 수연이와 같은 완벽한 기억력과, 재원이의 열정과 집념, 그리고 치영이의 빠른 이해력과 직관을 모두 갖춘 영재를 아직까지는 발견하지 못했다. 다들 자기 나름의 다양한 장점과 단점을 갖고 있다.

수연이와 같은 영재아에게는 왜 빠르고 다양하게 생각하지 못하느냐고 야단칠 수도 있다. 반대로 누구보다 완벽한 기억력을 부러워하고 격려할 수도 있다. 재원이의 경우, 직관이 빠르지 못하고 미련하다고 야단칠 수도 있고, 강한 열정과 의지에 대해 칭찬을 아끼지 않을 수도 있다. 치영이의 경우, 게으름을 탓할 수도 있고, 그 빠른 직관과 이해를 격려하면서 여유를 부릴 수 있다는 것 자체가 행운이라고 여길 수도 있다.

영재들이 가진 능력의 다양성을 인정하는 순간, 더 많은 영재들이 자신의 영재성을 맘껏 꽃피울 수 있지 않을까 생각한다. 부디 그들이 활짝 피어날 수 있도록, 부모님들이 전폭적인 칭찬과 격려를 아끼지 않기를 다시 한 번 부탁한다.

가드너의 다중지능 이론

모든 인간에겐 여덟 가지 지능이 있다

1970년대까지는 지능을 IQ와 같은 단일한 속성으로만 보는 단일지능 개념이 지배적이었다. 그러나 하버드 대학의 지능학자인 하워드 가드너Howard Gardner 교수에 의해 기존의 패러다임이 바뀌기 시작했다. 인간은 한 가지 지능이 아니라 여러 종류의 지능을 갖고 있다는, 이른바 가드너의 '다중지능 Multiple Intelligence 이론'이 등장한 것이다.

가드너에 의하면, 인간의 지능은 여덟 가지 영역으로 나뉘며 정도의 차이만 있을 뿐 사람은 누구나 이 여덟 가지 지능을 모두 지니고 있다. 그가 제시한 여덟 가지 지능은 다음과 같다.

언어 지능	언어 이해, 구문론, 의미론, 문어와 구어의 표현 능력과 관련이 있으며, 소설가나 변호사에게 필요하다.
논리수학 지능	귀납적·연역적 추론, 수학 능력과 관련된 것으로 수학자나 물리학자에게 필요하다.
공간 지능	삼차원 도형을 표상하거나 조작할 수 있는 능력을 의미하며 건축가, 공학자, 실내장식가, 조각가 등에게 필요하다.
음악 지능	음의 고조 변별, 리듬이나 음색에 대한 민감성, 음악 감상력, 작곡 능력과 관련 있다.
신체운동 지능	과제 수행이나 산출을 목적으로 신체의 전부 혹은 일부를 사용할 수 있는 능력으로 무용수, 운동선수에게서 나타난다.
인간친화 지능	타인의 행동과 동기를 이해하고 타인에 대한 지식을 바탕으로 합리적이고 생산적으로 행동할 수 있는 능력으로 상담사, 교사, 정치가 등에게 필요하다.
자기성찰 지능	자신의 강점과 약점, 사고 유형, 감정, 정서 등을 이해하는 능력을 의미한다. 또한 계획을 세우고 특정한 활동을 하는 데 지식을 사용하는 능력과 관계가 있다.
자연 지능	자연현상의 유형을 규정하고 분류하는 능력이다.

다중지능 이론의 핵심은 지능이 각 영역별로 독립되어 있다는 '독립성'과 여덟 가지 영역이 모두 동등하다는 '동등성'에 있다. 모든 인간에게 여덟 가지의 특정한 지능이 있다는 것은, IQ가 낮은 사람이라도 여덟 가지 영역 중 하나 또는 둘 이상의 영역에서 뛰어난 능력을 보일 수 있다는 의미로 해석된다.

또한 각 지능은 서로 독립적이기 때문에 한 영역의 지능이 높다고 해서 다른 영역의 지능이 반드시 높다고 예측할 수 없다. 다중지능 이론에 따르면, 천재란 특정 영역에만 지능이 집중되어 있기 때문에 한 영역에서의 천재가 다른 영역에서는 열등아가 될 수도 있다.

'영리하다'는 평가는 언어 지능과 논리수학 지능만을 기준으로 삼는 경우

가 대부분이며, 그 밖의 지능 영역은 그저 '재능'으로 여긴다. 하지만 다중지능 이론에 의하면, 언어 지능과 논리수학 지능이 강조된 것은 단지 문화적인 영향일 뿐, 일반적으로는 여덟 가지 영역의 모든 지능이 각기 동등하다는 점을 강조한다.

따라서 한두 가지의 학업 능력 위주로 인간의 지능을 평가하는 현재의 지능검사는 불공평하며, 한두 가지의 학업 능력만을 강조하는 현행 학교교육 역시 개인의 다양한 적성을 고려하지 않은 불평등한 교육인 셈이다. 그러므로 지능검사는 개개인의 다양한 강점이 드러날 수 있도록 바뀌고, 학교교육 역시 개인의 장점이 극대화될 수 있도록 개선되어야 한다는 것이다.

내 아이도 영재일 수 있다

누구에게나 적성과 소질에 맞는 분야가 있다. 자신의 적성과 소질에 맞는 분야에는 저절로 관심과 흥미가 쏠리게 마련이며, 또 관심과 흥미를 바탕으로 지속적인 학습을 하다 보니 자신만의 능력으로 어느 정도의 성취를 이루어낼 수 있게 되는 것이다. 능력이 있으니 비교적 좋은 결과가 뒤따르고, 점차 자신감이 쌓이면서 다음 단계의 학습활동에 도전하고자 하는 의욕과 동기를 갖게 된다. 이러한 성취 과정을 통해 적성을 발견하고 개발함으로써 마침내 자신의 분야에서 성취를 이루는 '영재'가 되어가는 것이다.

흔히들 영재라고 하면 모든 것을 잘할 거라고 기대한다. 하지만 영재는 영웅과 같은 슈퍼히어로super hero도, 모든 재능을 다 가진 신神적인 존재도 아니다. 가드너의 이론에서처럼 인간에겐 여덟 가지의 독립된 지능이 있어, 어느 한 가지가 더 우세할 수도, 또 어느 한 가지가 매우 열등할 수도 있다. 예를 들어 화가이자 조각가, 건축가, 시인이었던 미켈란젤로처럼 여러 지능이 모두 우수하여 다양한 분야에서 두각을 나타내는 사람이 있는 반면, 운동선수 박찬호나 김연아, 박태환처럼 탁월한 신체운동 지능을 바탕으로 특정 종목의 스포츠에서 월등한 재능을 발휘할 수도 있다.

물론 박찬호나 김연아, 박태환과 같은 스포츠 선수들이 자신의 분야에서 성공하기까지는 뛰어난 신체운동 지능뿐만이 아니라 자신의 동작(효과적인 투구폼, 스핀의 높이나 횟수, 물의 저항을 줄이고 속도를 내는 방법 등)을 더 잘 하기 위한 논리적인 분석과 계산을 하는 논리수학 지능, 자신의 한계에 부딪치고 슬럼프에 빠졌을 때 혹은 내가 잘하는 일이지만 하기 싫거나 게을리 하고 싶을 때, 그런 유혹

Chapter 1 우리 아이도 영재일 수 있다

을 통제하고 스스로 자기 자신과 싸우며 위기를 극복하는 자기성찰 지능, 같은 팀을 이루는 상대 선수의 심리를 읽어내는 인간친화 지능도 어느 정도 뒷받침되었기에 자신의 분야에서 최고가 될 수 있었을 것이다.

여기에서 가장 중요한 것은 이러한 사람들 모두가 가드너가 말하는 여덟 가지 영역의 지능이 모두 뛰어난 것이 아니라, 자신이 가지고 있는 뛰어난 재능을 바탕으로 다른 영역들을 활용하거나 다른 영역이 그런 재능을 뒷받침해 주었다는 것이다.

가드너의 다중지능 이론은 저마다 지닌 개성과 재능, 소질을 발굴해 무한한 잠재력을 이끌어내고자 한다. 또한 인간의 보편적인 능력을 포함한 다양화 교육과 전인 교육을 통해 궁극적으로 자아실현에 이를 수 있다는 점을 시사한다. 또 한편으로는 영재성의 영역과 재능을 '다양성'이라는 측면에서 재고해보게 한다.

과일마다 특유의 색과 향, 맛이 있는 것처럼 사람도 마찬가지다. 소질도, 타고난 능력도 제각각이다. 사람은 적절한 환경 아래 충분한 동기를 갖게 되면 모든 지능 영역에서 비교적 높은 수준의 성취를 이룰 수 있고, 각각의 지능 영역이 상호작용하면서 그 사람만의 독특하고 고유한 재능이 점차 성장해간다.

앞서 예로 든 박찬호, 김연아, 박태환과 같은 스포츠 선수 모두가 뛰어난 신체운동 지능을 가지고 있음이 확실하지만, 박찬호가 피겨스케이팅을 하고, 김연아가 수영을 하고, 박태환이 야구를 했다면 이들이 지금과 같이 한 가지 종목에서 두각을 나타낼 수 있었을지는 그 누구도 예측하기 어렵다. 한 분야에서 최고가 되기 위해서는 같은 재능이라 하더라도 자신의 장점과 단점을 바로 알고, 그에 맞는 능력을 발휘할 수 있도록 최적의 환경을 만들어야만 자신의 능력을 더욱 잘 발휘할 수 있다는 말이다.

대부분의 영재들은 수학이나 과학, 예체능 등 특정 분야에 뛰어난 자질을 갖고 있다. 하지만 아무리 과학 분야에 뛰어난 능력이 있어도 중학교 내신 성적이 좋지 않으면 과학고에 진학하지 못하는 것이 현실이다. 수학과 과학은 잘하지만 국어나 영어와 같은 과목에서 좋지 못한 점수를 받아 자신의 능력을 발휘할 기회조차 부여받지 못하거나, 예술 분야에 탁월한 재능을 가지고 있지만 당장 눈앞에 놓인 국어, 영어, 수학 같은 과목들의 성취 정도가 좋지 않다는 이유로 영재로 인정받지 못해 자신의 능력을 다른 사람 앞에 드러내지도 못하고 좌절해버리는 수많은 영재들을 생각할 때, 현재 우리의 교육은 다양한 잣대로 아이들의 능력을 평가하고 더욱 발전할 수 있는 여건을 제공할 수 있도록 많은 변화와 개혁을 시도해야 할 것이다.

우리나라 부모들의 교육열은 세계적으로 손꼽힌다. 무한 경쟁 사회인 현대 사회에서 살아남기 위해서는 무조건 남보다 앞서가야 한다는 강박관념에 사로잡혀, 내 아이가 어떤 생각을 하고 어떤 세계를 혹은 어떤 직업을 꿈꾸는지는 관심 밖의 영역으로 치부해버린다. 단순히 성공한 삶을 살기 위해서 영재교육원에 들어가 학업 성적이 보다 향상되기를 기대하고, 전반적인 성적이 우수하여 좋은 대학에 진학하기를 원할 뿐이다.

그러나 영재교육원에 보내는 것만이 영재교육은 아니다. 영재아들의 타고난 잠재성을 일찍 발굴하고 아이의 특성에 맞는 교육을 통해 잉새성을 개발해주는 것이 진정한 의미에서의 영재교육이다. 단순히 지식의 양을 늘리는 것이 아니라, 창의성을 길러주고 문제해결력과 사고력을 계발해 높은 수준의 지식을 만들어낼 수 있는 창의적인 지식 생산자로 성장하게 도와주는 것이 진정한 의미의 영재교육인 것이다.

  미래 사회는 정보화, 세계화, 개방화, 다원화의 사회다. 또한 정보기술이 발전하면서 다양한 문화, 다양한 가치관이 시공을 초월하여 함께 공존할 것이다. 그런 미래 사회에 필요한 것은 다른 사람들과 더불어 원활하게 소통하며 살아갈 수 있는 인재이다.

  따라서 미래에는 논리 수학적 능력과 창의력뿐만 아니라 윤리 의식, 타인에 대한 깊은 관심과 인간적인 감수성, 그리고 건강한 자아정체성과 안정된 정서가 더욱 중요한 능력으로 부각되고, 다양한 능력과 개성을 지닌 인간상을 필요로 할 것이다.

  내 아이도 영재일 수 있다. 비록 수학이나 과학과 같은 특정 분야가 아닐지라도, 우리 아이들은 누구나 잠재적 능력을 한 가지씩은 타고난다. 그러므로 교사와 부모, 주변의 어른들이 적극적으로 아이의 잠재된 뛰어난 능력을 찾아낼 수 있도록 돕는 것이 중요하다. 또한 그들이 가진 잠재된 재능을 발견했다면, 원하는 꿈을 이루기 위해 자신의 능력을 마음껏 펼쳐 보일 수 있도록 도와주어야 함을 잊지 말아야 한다.

누구나 영재가 될 수 있다고?

요즘 어느 케이블 채널에서 영재 만들기 프로그램이 인기를 끌고 있다. 영재 교육 전문가들이 아이와 부모를 만나가면서 아이의 영재성을 발견하고 키워가는 내용이다. 실제로 프로그램에 참가해 두어 달가량의 프로젝트를 끝낸 뒤 아이들의 지능지수를 측정해보면 놀라울 정도로 향상되어 있다. 그런 결과를 놓고 프로그램 진행자는 시청자들에게 이렇게 말한다.

"엄마가 바뀌면 아이도 바뀝니다."

그게 정말 가능할까? 평범한 아이들도 엄마가 바뀌기만 하면 영재가 될 수 있을까? 그렇다면 도대체 엄마가 어떻게 바뀌어야 하는 것일까?

Chapter 1 우리 아이도 영재일 수 있다

시대가 바뀌면서 영재성에 대한 정의도 꾸준히 변해왔다. 과거에는 지능지수가 높고 교과 과정에서 안정적이고 우수한 성취도를 보이는 학생이 영재였다. 하지만 이런 보수적인 정의로는 실제 영재들을 가려내어 적절히 교육시키는 데 현실적인 제약이 따를 수밖에 없었다. 이후 렌줄리 등의 지능 전문가들이 나타나 창의적 영재의 다양한 영역에 대해 재정의하고 영재의 능력으로 '세 고리 이론' 등을 제시했다. 더 나아가 가드너는 다중지능 이론을 통해, 여러 분야의 각기 다른 적성 영역에서 아이들의 영재성을 찾을 수 있다고 주장한다.

그렇다면 우리 아이가 영재인지 아닌지는 어떻게 판단할 수 있을까?

여기서 미국 영재교육학회NAGC에서 밝히고 있는 '21세기 미국에서의 영재와 영재교육에 대한 정의'를 살펴보자. 현재 미국 초중등 교육 현장에 실린 영재의 정의는 1972년 의회에 제출된 말랜드 보고서가 기초가 되었다. 그 내용은 미국 영재교육학회 홈페이지www.nagc.org에서 찾아볼 수 있다.

지적이고, 창의적이며, 예술적인 영역이나 리더십 영역 혹은 특정한 학문 분야에서 우수한 성취 능력을 보여주고 있어서, 이런 뛰어난 능력을 충분히 개발하기 위해서는 보통의 학교 프로그램과는 다른 교육과 활동을 필요로 하는 학생, 어린아이, 청소년.

Students, children, or youth who give evidence of high achievement capability in areas such as intellectual, creative, artistic, or leadership capacity, or in specific academic fields, and who need services and activities not ordinarily provided by the school in order to fully develop those capabilities.

2000년에 공포된 대한민국 영재교육진흥법상의 영재에 대한 정의도 크게 다르지 않다. 영재란 "선천적 재능이 뛰어난 사람이, 타고난 잠재력을 후천 적으로 계발하여 그 능력을 발휘할 가능성이 큰 사람"이며, "미발견된 잠재 성을 자극하여 영재를 일구고자 하는 것이 영재교육"이라고 정의하고 있다.

이 법에 따르면 영재성에는 일반 지능, 특수 학문 적성, 창의적 사고능력, 예술적 재능, 신체적 재능, 기타 재능까지 포함된다. 따라서 영재교육은 잠 재적 영재성을 발전시킬 수 있는 교육 환경을 만들고, 발견된 영재성을 지속 적으로 유지하고 다양화하도록 노력해야 하며, 각자의 영재성에 맞게 교육 하고 훈련시켜야 한다는 것이다.

쉽게 풀어보면 이런 말이다.

자신의 능력을 한껏 발휘해 놀라운 성공을 이루어낸 수재만이 영재가 아 니다. 또 지능지수가 높지 않다고 해서 영재가 아니라고 단정할 수도 없다. 다양한 영역에서 자기만의 특별한 능력을 발휘하며 가능성과 잠재성을 보 여주는 아이들이라면 모두 영재다. 그리고 이들의 다양한 영재성은 후천적 으로 가꾸어 꽃피울 수 있도록 특별한 교육이 필요하다는 것이다.

아이의 감춰진 영재성을 찾아라

여기서 우리가 주목해야 할 것은 '다양한 능력과 분야'다. 획일적으로 학습 결과 혹은 지능지수만 가지고 영재를 언급하지 말고 새로운 시각으로 우리 아이들을 바라봐야 한다. 그래야만 아이들 내면에 감춰진 저마다의 영재성을 발견할 수 있다.

수리 능력이 뛰어난 영재도 있고, 어휘력이 남보다 뛰어난 아이도 있다. 자연현상에 관심이 많아 스스로 탐구하기를 좋아하는 아이, 감성이 뛰어나 언어나 음악에 심취하고, 이러한 수단으로 자신을 표현하고 소통하고자 하는 아이도 있다. 공간 지각력이나 구성력이 뛰어난 아이도 있고, 성격이 온화하면서도 뛰어난 리더십을 보여주는 아이도 있다. 나이가 어릴수록 더 많은 가능성과 잠재성을 거의 모두가 지니고 있다고 할 수 있다. 문제는 부모의 무관심이나 획일적인 사고 때문에, 이 다양한 영재성이 빛을 보지 못한다는 것이다.

물론 모든 아이가 영재는 아니다. 모든 아이가 영재라면 굳이 영재다, 아니다 구분할 필요도 없을 것이다. 다만 과거의 좁은 시야에 가둬두었던 영재의 정의를 보다 새롭고 폭넓게 해석한다면, 더 많은 아이들에게서 이제껏 보지 못한 영재성을 발견할 수 있을 것이다.

영재 만들기 프로그램에서 전문가들이 제시하는 내용도 이와 다르지 않다. 부모들이 바뀐다고 아이들이 어느 날 갑자기 영재로 변하는 것은 아니다. 사실 아이들은 이미 영재성을 품고 있다. 단지 부모가 발견하지 못했을 뿐이다.

2~3개월간의 영재 만들기 프로젝트에 대단한 과학적 비밀 같은 건 감춰져 있지 않다. 적절한 길잡이로 아이들에게 용기를 주고, 자신의 적성을 맘껏 발휘하게 하며 끝없이 칭찬하고 격려한 결과, 아이들 내면에 잠들어 있던 자신감과 영재성이 비로소 드러나게 된 것이다. 그러면서 단기간에 지능지수가 향상되고 평범한 아이에서 영재로 변모해가는 것이기 때문이다. 결국 엄마가 바뀌어야 한다는 말은, 좀더 넓은 시각으로 아이들의 숨은 영재성을 찾아내고 격려하는 등 부모의 애정 어린 관찰과 관리가 필요하다는 뜻이다.

　영재성을 가진 많은 아이들이 부모의 틀에 박힌 사고와 교육 현실 속에서 적절한 교육을 받지 못하고 힘겨워하는 것이 지금의 우리 영재교육의 현주소이다.

　대한민국의 영재교육은 이제 막 출발점에 서 있다. 저마다 지닌 영재성을 맘껏 꽃피우고 성공적인 미래 사회의 리더가 되기 위해서는 부모 스스로 다정하고 친절한 안내자가 되어야 한다. 아이 곁에서 좀더 열린 눈과 열린 마음으로 세심하고 꼼꼼하게 아이들이 나아갈 길을 함께 준비해야 한다. 그러기 위해선 영재교육에 대한 부모의 전략적인 대응이 꼭 필요하다.

Chapter 2

유아기에도 특별한 영재교육이 필요할까

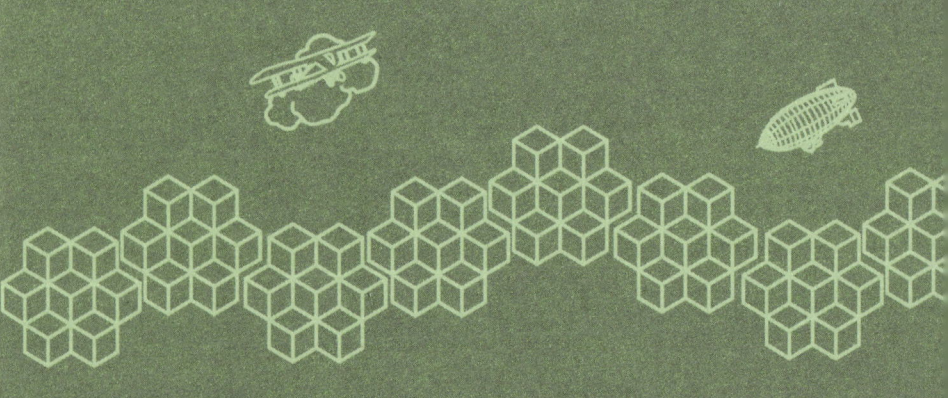

영재성은
유아기부터
관리되어야 한다

인간 지능의 8할은 유아기에 발달한다

영재에 대한 정의는 다양하다. 대부분의 학자들은 영재성을 '뛰어난 능력'이라 지칭하고, '사회적으로 가치 있는 여러 능력 중에서 어느 하나라도 뛰어나면' 영재로 보아야 한다고 주장한다.

   부모들은 '영재'라는 말에 대해 약간의 거리감을 느낀다. 그러면서도 내 아이는 다른 아이와 좀더 다르기를, 혹은 좀더 뛰어나기를 바라는 것이 부모 마음이다. 그러면서 혹시나 내 아이의 영재성을 제때에 알아보지 못할까 봐 불안해하기도 한다. 만약 우리 아이에게 영재성이 잠재되어 있다면 그것을 어떻게 찾고, 또 어떻게 키워나갈 수 있을까? 대부분의 부모가 한 번쯤은 이런 고민을 해보았을 것이다.

　영재교육의 열쇠는 유아기에 있다고 해도 과언이 아니다. 전문가들이 말하는 영유아기의 발달적 특성을 한번 살펴보자.

　첫째, 영유아기는 뇌 발달이 가장 급격하게 이루지는 중요한 시기다.
　둘째, 영유아기는 언어 학습의 결정적 시기다.
　셋째, 영유아는 태어날 때부터 학습을 시작한다. 따라서 어릴수록 감각자극에 의한 두뇌 활동이 활발하다.
　넷째, 자아 개념이나 애착, 기질, 정서 등 사회·정서 영역의 발달 역시 영유아기의 경험이 결정적인 영향을 미치며, 한번 형성되면 이후 쉽게 변하지 않는 특성들이 바로 이 시기에 결정된다.

　유아기는 전 생애 지능의 80%(0~8세)가 발달하는 시기이다. 뇌 발달이 급격해지고, 언어에 눈을 뜨며, 정서적 자아의 기초가 형성되는 시기인 만큼 이때의 영재교육은 더 예민하고 구체적이고 적절하게 이루어져야 한다. 아직 어리고 학습 능력도 충분히 발달하지 않았다고 해서 특별한 교육이 무슨 필요가 있겠냐고 방치할 문제가 아니다. 물론 아이들의 인지 능력과 학습 능력 발달에 전혀 걸맞지 않는 교육, 조기 선행교육에 불과한 준비되지 않은 프로그램으로 유아들의 영재성을 가꾸어낼 수는 없다.

　많은 부모들이 아이의 영재성을 너무 단순하고 인지적인 것들로만 확인하려 한다. 초등학교에 들어가기도 전에 한자 1급 시험에 합격했다거나, 유치원 친구들의 이름을 단숨에 외운다거나, 초등학생이 미적분 문제를 푼다

Chapter 2　유아기에도 특별한 영재교육이 필요할까

거나, 토익 시험에서 만점을 받는다거나 하는 사례에 솔깃해한다.

우리 아이가 숫자, 한자를 얼마나 아는지, 글을 얼마나 깨우쳤는지 등등에 조바심친다. 하지만 이러한 인지적 평가의 공통점은 하나같이 답을 요구하는 시험일 뿐이라는 것이다. 물론 빨리 습득하는 아이들이 영재아일 가능성은 충분히 있다. 그러나 정답이 있을 때에만 발휘되는 그런 영재성만으로 우리 아이들이 가진 총체적인 영재성을 판단할 수는 없다.

간혹 아이가 유아기부터 잘 외우고 테스트를 척척 통과해, 아이의 레벨을 올리는 인지학습에 열성인 부모들을 보게 된다. 물론 다양한 정보를 알고 기억하는 것도 중요하다. 하지만 어린 아이에게 그런 정보를 활용할 수 있는 힘이 있을까? 지금 우리 아이의 수준은 누구의 눈높이에 맞춰져 있을까? 아직 어린 우리 아이에게 필요한 것은 이런 기능적인 학습이 아니다.

1달러의 투자로 7.16달러를 절약한다

우리나라에도 유아 대상의 영재교육 프로그램이 있다. 하지만 대부분이 세심하게 준비된 프로그램이라고 보기는 힘들다. 그렇다면 유아 영재에게 적절한 교육이란 어떤 것일까? 부모가 믿고 따를 수 있는 교육일까? 유아기 영재교육에서 특별히 고려해야 할 요소를 살펴보자.

첫째, 유아기는 정서능력의 발달에도 막대한 영향을 주는 시기라는 것이다. 정서능력이 낮으면 아무리 높은 지능도 무용지물이 될 수 있다. 그런 만큼 정서능력의 발달과 지능의 조화 여부는 영재 형성에서 가장 중요한 변수일 수밖에 없다. 그러므로 이 시기의 영재교육 프로그램 안에는 정서능력 발달을 추구하는 다양한 활동이 충분히 녹아들어 있어야 한다.

둘째, 유아교육 전문가들은 모든 두뇌 영역의 고른 발달을 강조한다. 유아기 아이들의 뇌는 좌뇌와 우뇌가 독립적으로 작용하지 않는다. 따라서 좌뇌 교육이나 우뇌 교육을 따로 강조하기보다는 좌뇌와 우뇌 모두를 자극하는 통합교육이 중요하다. 이 시기에는 사고의 발달이 어느 한쪽으로 치우치지 않도록 논리력, 창의력을 두루 키울 수 있는 다중지능 교육 프로그램의 계발이 절실하다.

셋째, 영유아기에는 아이의 잠재력을 키울 수 있는 신체 놀이 학습이 매우 유용하다. 이 시기의 아이들은 어릴수록 더 많은 감각자극을 받아들여 커서도 풍부한 감성과 상상력을 갖게 되므로, 실물을 직접 만지고 자기 눈높이에 맞는 체험학습을 할 수 있는 환경이 마련되어야 한다. 더불어 이러한 교육이 단순한 놀이로만 그치지 않도록, 아이 스스로 사고를 확장할 수 있는 프로그램이 필요하다.

넷째, 영유아기의 연령별 발달 단계에 따른 교육 프로그램이 필요하다. 쉬운 생각에서 고차원적인 사고로 점차 수준을 높일 수 있는 프로그램을 통해, 아이들 스스로 복합적인 문제를 해결하는 능력을 자기 안에서 서서히 키워 나갈 수 있기 때문이다.

영유아기 아이들에게는 특별한 교육이 필요하지 않다고 말하는 것은 다소 무책임한 태도이다. 물론 틀에 박힌 단순하고 반복적인 교육이라면 그럴 수도 있을 것이다. 하지만 놀면서 즐기는 가운데, 실물을 통해 세계를 이해하고 사고를 확장해가는 통합적 사고력 교육은 반드시 필요하다. 이런 교육이 언젠가 발휘될 영재성의 토대가 되기 때문이다.

더 높이 날려면 더 탄탄하게 준비해야 한다. '세 살 버릇 여든까지 간다'는 속담이 있다. 어릴 때의 다양한 경험과 자극이 능동적인 사고를 가능케 하고, 적절한 동기 유발은 과제집중력을 키워준다. 또한 토론과 상호작용이 생각을 정리하고 표현하는 힘을 길러준다. 이렇게 어릴 적 경험과 습관이 평생을 좌우한다. 물론 인생에는 변수가 있다. 그러나 즐기며 탐색할 수 있는 유아기의 경험은 인생에서 크나큰 자산이자 힘이 된다.

미국의 페리 프리스쿨Perry Preschool 프로젝트에 의하면, 유아교육에 투자한 1달러가 유아가 성인이 된 뒤 사회적으로 7.16달러를 절약하는 효과를 낳는다고 한다. 이는 효과적인 유아교육을 받고 성장한 사람이 사회 발전에 기여함으로써 국가가 국민에게 투자해야 하는 사회간접자본의 비용을 대폭 줄여준다는 것이다. 유아기 교육의 중요성을 개인의 성취뿐 아니라 국가 차원에서도 인식하고 있는 것이다.

유아기는 참으로 중요한 시기다. 평생을 좌우할 토대가 만들어지고, 창조적인 문제해결력을 키울 수 있는 시기이기 때문이다. 모두가 유아기의 중요성을 강조한다. 하지만 정작 그 시기에 무엇을, 어떻게 교육시켜야 할 것인가에 대한 적절한 답은 찾지 못하고 있다. 어떤 교육으로 우리 아이들 눈앞에 열린 세상에 첫발을 내딛게 할까? 어떤 방식으로 이끌어 세상을 이해하게 할까? 영재교육의 기초를 다지는 시점에서 어린 아이들에게 어떤 기회를 줄 것인지 진지하게 생각해볼 일이다.

유아의
사고력을
키워라

지나친 영어교육은 경계해야 한다

요즘 주위를 둘러보면 영어 유치원이 유행처럼 생겨나고 있다. 세계화의 추세 속에 영어 실력이 사회적 성공의 열쇠인 듯 여겨지고, 여기에 조기 언어 학습의 효과에 대한 기대까지 더해져 과열 증세를 보이고 있는 것이 우리의 현실이다. 그래서 아직 한글도 서툰 유아기에 우리 아이들이 가장 중점적으로 배우는 과목이 바로 영어다.

 어휘력이라는 말이 단순히 단어를 기억하는 능력을 뜻하는 것은 아닐 것이다. 일상생활 속에서 어휘가 자연스럽게 늘어가는 과정은 세계와 관계를 이해하고 실물 세계에서 형이상학적 개념까지 인식을 확장해가는 과정이기도 하다. 그러므로 어느 언어이건 어휘를 통해 세계를 인식해간다는 의미에서 초기 언어학습은 매우 중요하다.

음식도 골고루 먹어야 하듯, 교육에도 치우침이 없어야 한다. 이렇게 중요한 시기에 아직 한국어 어휘로도 세계를 제대로 인식하지 못하는 유아들을 영어교육에 몰입시킨다는 사실에는 아무래도 고개를 젓게 된다. 이러한 학습의 편식이 과연 효과적일까 하는 의심이 뒤따를 수밖에 없다.

조기 외국어교육이 전혀 효과가 없다고 주장하려는 것이 아니다. 다만 유아기에 필요한 모든 교육을 영어교육만으로 해결하려 드는 생각의 위험성을 지적하려는 것이다.

유아를 위한 사고력 영재교육

유아기의 아이들에게는 글로벌 시대를 대비하는 외국어교육에 못지않은 중요한 과정이 있다. 바로 그 시기 아이들의 눈높이에 맞춘 우리말 학습, 그리고 우리말을 통해 세계를 인식하고 그 인식을 확장해가는 과정의 사고력 통합 발달을 위한 학습이다.

퍼듀 대학Purdue University에서 영재교육을 전공한 오영주 박사의 '영유아기 사고력 영재학습 프로그램'을, 이 시기의 아이들을 위한 적절하고도 유일한 영재교육 모델로 꼽을 수 있지 않을까 싶다. 오영주 박사가 개발한 이 '브레인스쿨' 프로그램은 "창조적인 문제해결력을 가진 21세기 인재 양성을 위한 논리적 사고기법과 창의적 사고기법의 단계별 교육을 통해 영유아의 사고력의 통합적인 발달을 도모한다"는 목표를 제시하고 있다.

여기서 말하는 논리적 사고기법의 단계는 미국의 교육심리학자 벤저민 블룸Benjamin S. Bloom의 인지적 교육 목표 분류학 이론에 근거한 6단계 사고기법에 오영주 박사가 추리력을 포함시켜 7단계로 보완한 것이다. 그리고 창의적 사고기법은 토런스Ellis Paul Torrance가 제시한 4가지 사고 유형 단계에 민감성을 포함시켜 5개의 사고유형 단계로 나누어 응용하고 있다.

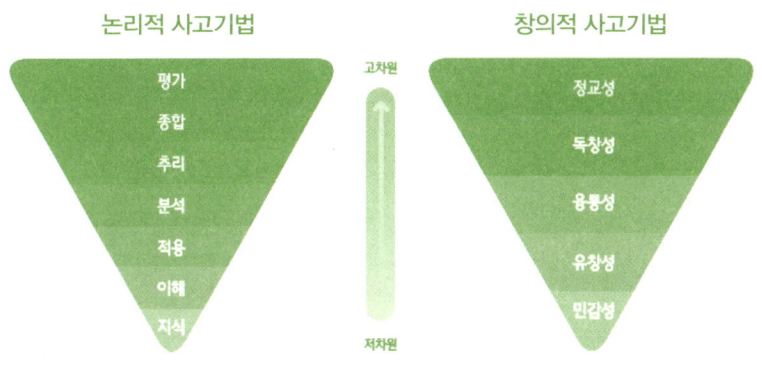

이러한 실물 중심의 사고력 개발 영재교육 프로그램을 통해 아이들은 스스로 낮은 단계에서 점점 높은 단계로 사고를 확장해나갈 수 있다.

▶ 유아를 위한 논리적 사고기법 7단계

1단계 : '지식'은 어떤 내용, 사실, 개념, 원리, 방법, 유형, 구조, 현상 등을 인지하는 사고 활동을 의미한다. 기억하기, 인식하기, 정의하기, 지각하기 활동이 이에 해당한다.

2단계 : '이해'는 이미 배워 알고 있는 내용의 의미를 파악하는 활동으로, 단순히 자료를 기억하는 수준을 넘어 자료를 자신의 말로 설명하거나 번역하고, 자료의 숨은 뜻을 해석하는 사고 활동을 의미한다. 해석하기, 설명하기, 줄거리 말하기 활동을 통해 학습할 수 있다.

3단계 : '적용'은 이미 배운 내용, 즉 개념, 규칙, 원리, 이론, 기술, 방법을 구체적이고 새로운 문제를 해결하기 위해 활용하는 사고 활동을 의미한다. 규칙, 원칙, 이론 적용하기, 만들기, 실험하기 등이 이에 해당한다.

4단계 : '분석'은 주어진 자료에서 부분과 전체의 상호관계를 분석하는 사고 활동을 의미한다. 관계 분석하기, 원인과 결과 찾기, 비교하기 등이 이에 해당한다.

5단계 : '추리'는 주어진 자료의 조건을 깨쳐 알고, 구조적인 관계를 이해하고 종합해 의도적으로 미래를 추정하거나 예측하는 사고활동을 의미한다. 추리Ⅰ- 패턴 추리하기, 상황 추리하기(언어, 사회적 추론), 추리Ⅱ- 변화 추리하기(수, 과학 및 자연현상 추론), 도형·공간·무게 추리하기 등이 이 단계 활동에 해당한다.

6단계 : '종합'은 주어진 자료의 내용 및 요소를 정리하고 조직하는 사고 활동을 의미한다. 비교적 새롭고 독창적인 형태, 원리, 관계, 구조 등을 만들어내거나 계획하거나 재편성하는 사고 활동을 의미한다. 일반화하기, 재편성하기, 계획 세우기, 작곡하기 등이 이에 해당한다.

7단계 : '평가'는 특정한 목적과 의도를 근거로 하여 주어진 자료 또는 방법이 가진 가치를 판단하는 사고 활동이다. 어떤 사물, 인물, 조건, 상황 등을 판단하고 평정하며 추진하는 활동이 이에 속한다. 판단하기, 비판하기, 결정하기, 고려하기 등이 이에 해당하는 활동이다.

이처럼 저차원적인 논리적 사고기법에서 고차원적인 사고기법으로 상승하는 훈련을 통해 아이들은 자연스럽게 논리적인 사고를 배울 수 있다. 어릴수록 저차원적인 사고기법의 교육이 많이 진행되지만, 연령이 높아지더라도 그 연령 수준의 '지식'과 '이해' 등 저차원적인 사고기법 교육이 병행되어야 한다. 하지만 영재의 경우에는 저차원적 사고기법 교육보다는 고차원적인 사고기법에 따른 교육이 아이의 역량을 키우는 데 더 큰 도움이 된다.

▶ **유아를 위한 창의적 사고기법 5단계**

1단계: '민감성'은 주변의 인물과 환경에 대해 민감하게 반응하고, 관찰하고, 느끼고, 표현하고, 의문점을 갖는 능력으로, 모든 창의적 사고의 기저에 깔리는 사고 활동을 의미한다. 오감으로 느끼고 표현하기, 특징 찾기, 주변 세계 감지하기, 자신·타인 느끼기 활동이 있다.

2단계: '유창성'은 주어진 특정한 문제, 과제, 자극에 대해 되도록 많은 양의 아이디어를 산출하는 능력을 의미한다. 여러 방법으로 표현하기, 가정하기, 연상하기 활동이 있다.

3단계: '융통성'은 주어진 문제에 대해 고정적인 사고의 틀을 깨거나 관점을 바꾸어 기존의 방법에 집착하지 않고 다양하게 접근하는 능력을 의미한다. 이야기 만들기·꾸미기, 변환시키기, 활용 방안 생각하기, 속성

별로 생각하기 활동이 있다.

4단계 : '독창성'은 문제에 직면했을 때 기존의 것에서 탈피해 독특하고 참신한 아이디어를 산출해내는 능력을 의미한다. 독창적으로 표현하기, 새로운 것 만들기 활동이 있다.

5단계 : '정교성'은 문제를 해결하기 위해 생각해낸 다듬어지지 않은 생각(아이디어)을 보다 세밀하고 상세하게 다듬어서 새로운 산출물을 생산해내는 능력이다. 상세하게 표현하기 · 만들기 활동이 있다.

이러한 5단계 창의적 사고기법을 통해 아이의 우뇌를 개발함으로써 보다 자유롭게 사고하고 문제에 다양하게 접근할 수 있다. 또한 어릴수록 더 자유롭게 표현하는 능력을 기를 토대를 마련하게 된다.

창의적 사고기법 역시 어린 연령에서는 주로 저차원적 사고기법인 민감성, 유창성 활동이 많이 진행되지만 연령이 높아지더라도 각각의 연령에 맞게 저차원적인 사고기법의 활동부터 고차원적인 활동에 이르기까지 다양한 활동을 병행해야 한다. 그리고 논리적 사고기법과 마찬가지로, 영재아의 경우 저차원적인 사고기법보다는 고차원적인 사고기법에 해당하는 프로그램을 더 많이 진행할수록 아이의 능력을 더욱 키울 수 있다.

이 교육 프로그램에서 가장 중요한 것은 유아들의 창의적인 사고를 이끌어낼 안내자의 역할이다. "왜 이렇게 생각하니?", "어떻게 하면 이 문제를 해결할 수 있을까?"와 같이 열린 질문을 활용할 줄 알아야 하고, 실물을 활용한 오감 중심 활동으로 유아 스스로 발견하고 탐구할 수 있는 기회를 다양하게 제공해야 한다. 그리고 유아들의 갖가지 사고의 결과를 언제나 받아들이고 인정함으로써 적극적이고 창의적인 사고력이 확대되는 길을 열어주어야 한다.

위에서 소개한 '브레인스쿨' 프로그램은 유아기 영재교육의 바람직한 모델이라 할 수 있다. 미래의 세계화, 정보화 속도는 지난 세기와는 비교되지 않을 만큼 빠르게 진행될 것이다. 그리고 그에 부합하는 다양한 아이디어와 창의적인 결과물들이 속속 등장할 것이다. 이러한 미래를 준비하는 시점에서, 이제 막 세상에 첫걸음을 떼는 어린 영재아들에게 바람직한 교육 프로그램을 제시하고 도와줄 부모의 길잡이 역할은 아무리 강조해도 지나치지 않을 것이다.

영재냐, 둔재냐?

˙˙˙˙˙˙ ˙˙˙˙˙
결정적 유아기, 무엇을 시도할까

유아기 아이들의 영재성을 끌어내려면 어떻게 접근해야 할까? 어떻게 교육시키는 것이 현명한 방법일까? 과연 명쾌한 해답은 있는 것일까?

   이러한 공통의 관심사를 반영하듯 영재 아이를 길러낸 부모의 저서가 종종 베스트셀러에 이름을 올리곤 한다. 이렇다 할 영재교육의 지침이 없으니, 책을 통해 노하우를 얻으려는 부모들의 니즈 때문일 것이다. 그도 그럴 것이 탁월한 재능을 가진 피겨 여왕 김연아와 성악가 조수미 같은 몇몇 유명 인사만 보더라도 그 배경에는 길라잡이로서 부모의 현명한 판단과 부단한 노력이 있지 않은가. 실제로 조수미의 부모는 서울대 성악과에 입학했음에도 불구하고 F학점을 맞는 등 꼴찌로 전락한 조수미를 보고 이탈리아 '산타체칠리아 음악원'으로 유학을 권유해 세계적인 소프라노의 입지를 굳건히 하는 데 한몫을 하였다.

아이들이 저마다 잠재된 영재성을 지녔다면, 그 영재성을 발현시키고 극대화시키는 것이 모든 부모들의 소망일 것이다. 하지만 앞서 말했듯이 천편일률적인 잣대로 영재성을 평가하고 인재를 정의하던 시대는 지났다. 시대에 따라 원하는 인재상이 달라지고, 그 인재상에 따라 교육도 변하고 있다. 그런 변화에 발맞추면서도 중심을 잃지 않으려면, 체계적이고 효과적인 교육적 시도가 필요하다. 그렇다면 우리 아이가 영재 또는 둔재가 될 수도 있는 결정적 시기에 어떠한 노력을 기울여야 할까? 또 부모는 무엇을 시도해야 할까?

아이의 영재성을 깨우는 사고력 교육

우리 아이들의 잠재성을 계발시켜줄 만한 체계적인 프로그램이라면 시기를 놓치지 않고 자극을 주는 것이 중요하다. 물론 지속성과 체계성이 보장되어야 하다. 앞서 언급한 오영주 박사의 사고력 향상 영재교육 프로그램을 생각해보자. 이 프로그램을 예로 드는 것은, 시도된 지 몇 년 만에 사라지는 여느 교육 프로그램에 비해 비교적 장수하는 프로그램이고, 오랫동안 인정받는 데에는 그만한 노하우가 있기 때문이다. 이 프로그램은 실물 중심의 사고력 개발 프로그램으로 부모에게도 훌륭한 지침이 될 것이다.

오영주 박사의 사고력 프로그램은 영재성 발굴의 결정적 시기인 18개월부터 8세까지 아이들의 연령별 발달 단계에 초점을 맞춘 것으로, 주변에서 볼 수 있는 실물을 활용한 오감 자극을 통해 스스로 생각하는 힘을 길러준다. 여러 단계와 난이도로 나뉘는 연령별 커리큘럼이 있지만, 사고력을 향상시키는 대표적인 사고 유형 몇 가지를 예로 들어보자.

▶ **3세 이하 아이의 사고력 수업**
: 지식, 이해(논리적 사고기법) + 민감성, 유창성(창의적 사고기법)

우선 3세 이하의 저연령 아이들은 신체 발달 수준과 인지 발달 과업을 고려해 주변에서 흔히 볼 수 있는 여러 가지 사물을 활용한다. 쉽게 구할 수 있는 채소나 쌀, 밀가루와 같은 식재료, 주방도구나 선풍기, 다리미 등의 가전용품, 신발, 모자와 다양한 소재의 옷 등을 만져보고 냄새 맡고 먹어보고 소리 내면서 여러모로 탐색해보게 한다. 다시 말해 흥미로운 사물을 가지고 노는 것이다.

같은 종류와 재질 또는 색깔끼리 분류하거나, 크다/작다, 길다/짧다, 많다/적다의 개념을 알 수 있도록 비교 놀이도 할 수 있다. 이러한 분류, 비교 활동은 수학적 기초 개념을 형성하는 중요한 방법 중 하나다.

또한 특정 사물을 대상으로 무엇이 생각나는지, 어떤 경험을 해보았는지 마음껏 표현하도록 격려할 수 있다. 몸이든 노래든 그림이든, 어떤 방법이든 좋다. 이러한 자유로운 탐색과 표현 활동은 감각 인식을 확장해주고, 주변 세계를 다양한 방법으로 이해할 수 있게 해준다.

그렇다면 이러한 일상의 실물들이 어떻게 교육 효과 면에서 중요한 교구가 될 수 있을까? 답은 '새롭게 만나기'에 있다. 전에는 대수롭지 않게 여겨 그냥 지나쳤던 것들을 문제의 대상으로 새롭게 인식하게 해주기 때문이다. 더 나아가 교사는 아이들의 오감을 자극하며 질문을 통해 아이들이 적절한 어휘를 구사할 수 있도록 돕고, 완성된 문장으로 표현하도록 격려한다. 언어 능력이 급격히 발달하는 이 시기에는 주변 사람들과의 상호작용이 아이들의 사고력 발달에 중요한 촉매제가 된다.

▶4~7세 이하 아이의 사고력 수업 ①
: 적용(논리적 사고기법) + 융통성, 독창성(창의적 사고기법)

취학 전 아이들은 어떤 활동을 할까? 이 시기의 아이들은 지금껏 경험한 주변 세계에 대한 이해를 토대로 다양한 사고를 확장하고 심화한다. 눈에 보이는 것만이 전부가 아니라, 논리 공간 안에서 생각을 조직화하거나 이미지화하고, 이미 알고 있는 정보를 활용해 구체적인 산출물을 끄집어낼 수 있게 도와야 한다. 여기서 산출물이란 실제로 조작해 얻어낸 구조물만을 뜻하지 않는다.

주변에서 쉽게 볼 수 있는 두 가지 이상의 기능이나 용도가 결합된 물건을 떠올려보자. 바퀴 달린 의자나 가방, 불빛이 나오거나 지하철 노선도를 넣은 볼펜 등 여러 가지 기능이 결합된 물건은 셀 수 없이 많다.

그럼 이제 질문을 시작해보자. 이 물건들은 왜, 어떻게 만들어졌을까? 좋은 점은 무엇일까? 만약 이 물건에서 기능 하나가 빠진다면 무엇이 불편할까? 나도 이렇게 편리한 물건을 만들 수 있을까? 또 어떤 사물을 결합시킬 수 있을까? 평소에 쓰던 물건 중에 불편해서 좀더 개선되었으면 하고 바라던 것은 없었나?

질문은 무궁무진할 것이다. 이러한 문제 제기를 통해 아이 스스로 새로운 물건을 구상하고, 잡지나 신문에 있는 사물 그림을 오려 결합해보게도 한다. 그리고 아이 나름의 논리로 사물의 이름이나 특징, 용도, 장단점을 설명하면서 비판적인 사고를 경험하게 한다.

그럼 이러한 활동을 통해 기르고자 하는 것은 무엇일까?

전구, 자동차, 엘리베이터와 같은 발명품은 생활의 불편함을 개선하기 위한 것이다. 그리고 현대 사회의 이슈가 되고 있는 아이폰에 여러 기능이 탑재된 것만 보더라도, 새로운 발상이 인류 문화에 얼마나 큰 영향을 미치는지 실감할 것이다. 알다시피 이러한 발명품은 엉뚱한 상상과 꾸준한 노력의 결과이다. '포스트잇'이라는 접착식 메모지도 초강력 접착제를 개발하는 과정에서 실패를 수없이 반복하다 역발상으로 만들어낸 것이라고 하지 않던가?

이러한 활동을 통해 독특하고 참신한 아이디어를 산출하고, 다양한 영역, 범주에서 역발상을 해보는 기회를 제공할 수 있다. 더불어 설명력과 발표력도 기를 수 있다.

▶4~7세 이하 아이의 사고력 수업 ②
: 지식(논리적 사고기법) + 융통성(창의적 사고기법)

또 다른 커리큘럼의 예로, 인체의 골격을 배우는 수업이 있다. 이는 분명 지식을 전달하는 수업이다. 신체 부위별 뼈의 명칭과 생김새, 역할과 구조를 배우며 실물은 아니더라도 뼈 모형을 통해 직접 만져보고 느껴본다.

그리고 교사는 아이들에게 가정 상황을 제시한다. 만약 우리 몸의 뼈가 하나라면 어떨까? 또는 뼈가 없다면? 연골이 없다면? 이런 질문을 통해 아이들은 다양한 상상을 해볼 수 있다. "문어처럼 움직일 거예요"라거나, "단단한 물건에 부딪히면 쉽게 부러질 수 있어요", 혹은 "많이 아프고 멍이 심하게 들 거예요" 등 그럴듯하기도 하고 엉뚱하기도 한 대답을 흥미롭게 늘어놓게 된다. 인체 기관을 알아보는 수업도 같은 방식으로 접근할 수 있다.

시계를 이용한 융통성 향상 수업도 살펴보자. 아동 스스로 드라이버로 시계를 분해하고 조립해 보며 시계의 부품별 명칭과 기능을 알아보고 지식 부분을 전달한다. 동시에 만약 시계가 없다면 어떤 일이 생길지, 또 어떤 방법으로 시간을 알 수 있을지 생각해 보기도 한다.

이것으로 수업이 마무리 되는 것이 아니라 시계 부품의 속성을 생각해 보며, 그것으로 새롭게 연상되는 것을 그려보도록 한다. 이때 아이들은 시계 내부에 있는 코일이나 바늘, 숫자, 톱니바퀴, 시계의 재질 등 가능한 다양한 범주의 속성들을 생각해내고자 노력한다. 아이들은 시계의 숫자라는 속성을 온도계나 자동차 계기판 나침반에 연결 짓기도 하고, 건전지의 속성을 로봇청소기, 카메라에 대입시켜 또 다른 새로운 물건을 생각하고 탄생시킨다.

▶ 4~7세 이하 아이의 사고력 수업 ③
: 적용, 분석(논리적 사고기법) + 독창성(창의적 사고기법)

취학 전 아이들을 가르치는 수업에서는 분석 영역의 비중이 크다. 그도 그럴 것이, 인과관계를 이해하고 원인을 찾아내는 '추리와 분석' 같은 고차원적인 사고 활동이 가능한 시기이기 때문이다.

분석 활동의 예는 수없이 많다. 가장 대표적인 것으로, 이야기를 듣고 인물의 특징이나 성격을 분석하는 활동이 있다. 이를 위해서는 문맥을 이해하는 능력이 우선이며, 풍부한 어휘력과 생각의 근거를 제시할 줄 아는 논리성이 필요하다.

또 다른 활동으로, 크기가 다른 4~5개의 컵을 보여주고, 그중에서 세번째로 큰 컵을 찾아보게 한다. 그것을 찾기 위해 어떻게 해야 할지, 컵의 크기는 어떻게 알 수 있는지 스스로 방법을 찾는 활동이다. 아이들은 기준컵에 물을 부어보고 그것을 기준으로 다른 컵의 크기를 측정해 물이 많이 들어가는 순서대로 나열해볼 수 있다.

문제를 해결하기 위해서는 여러 방법을 모색하고 실행해보면서 결과를 도출하는 과정이 필요하다. 이러한 일련의 과정을 통해, 아이는 문제 해결의 이유를 찾고 동기화하게 된다. 그러면서 적용 능력과 분석력을 향상시킬 수 있고, 다양한 방법을 모색하는 동안 융통성이나 독창성을 개발할 수 있다.

새로운 것을 만드는 독창적 활동은 유익한 물건을 만드는 데만 국한된 것은 아니다. 놀이 규칙과 방법을 생각해내거나, 이야기를 만드는 활동에도 창의적 발상이 필요하다. 고리 던지기 놀이에 관한 동화 내용을 듣고 고리를 이용해 새로운 게임 방법을 구상하는 수업도 흥미롭다. 이때는 게임에 필요한 여러 가지 제반 사항들을 생각해내야 한다.

예를 들어 게임 인원, 장소, 순서, 시간, 점수 매기는 방법과 규칙, 규칙을 어겼을 때의 벌칙 등이 여기에 해당된다. 구체적인 진행 방법이 완성되면 실제로 게임을 해보고 느낀 점에 대해 이야기하기도 한다. 이러한 활동은 아동들로 하여금 적극적으로 문제를 해결하도록 독려하고, 참신한 생각을 할 수 있도록 자극하며 성취감을 맛보게 하는 계기가 된다.

▶ 7~8세 이하 아이의 사고력 수업
: 종합, 평가(논리적 사고기법) + 독창성, 정교성(창의적 사고기법)

마지막으로 취학 연령의 아이들에게는 어떤 활동이 필요할까? 이 시기의 아이들은 또래 집단을 형성하고, 자신의 생각을 충분히 드러내며 상호작용할 수 있다. 따라서 교사가 한 가지 큰 주제를 설정해주면 아이 스스로 그에 맞는 소주제를 선정하고, 계획하고, 실행하고, 평가하는 일련의 과정을 주도적으로 진행할 수 있다.

예를 들어 주제를 인형극으로 정했을 경우, 아이들은 몇 명씩 모둠을 지어 인형극 준비에 관해 토의를 하게 된다. 우선 기승전결이 있는 대본을 만들고, 목소리 배역을 정하고, 등장인물의 특징과 성격에 맞는 인형을 만들고, 각 장면에 어울리는 배경을 만든다.

모든 것이 준비된 뒤에는 실제로 아이들끼리 실감나게 대사를 표현하며 인형극을 해본다. 인형극을 캠코더로 찍어 아이들에게 보여주고, 아이들은 스스로 준비하고 진행한 인형극을 모니터링하면서 평가한다. 이 과정을 통해 아이들은 친구들과 협동하고, 주도적으로 학습하고, 서로의 아이디어를 존중해 함께 이루어냈다는 성취감을 얻게 된다.

인형극 외에도 취학기 아이들에게 제시할 만한 활동 주제는 매우 다양하다. 또 다른 예로, 마찰이라는 주제를 제시할 수도 있다. 마찰에 대한 경험을 이야기해보고, 미끄러지지 않는 신발을 구상해 직접 만들어보는 활동이다. 신발 바닥에 지우개 조각을 덧대기도 하고, '찍찍이'라 부르는 벨크로 테이프를 지그재그 모양으로 잘라 붙여볼 수 있다. 이런 과정을 통해 아이들은 손수 만든 미끄럼 방지 슬리퍼를 신어보며 물리적인 힘을 배우게 된다.

브레인스쿨 사고력 프로그램은 얼마나 열심히 참여하느냐가 중요한 과정 중심의 수업이 대부분이라고 한다. 이러한 프로그램을 통해 아이들은 자기 주도학습의 기초를 마련하고, 어떠한 문제 상황에서도 통합적 사고력을 발휘해 문제를 창조적으로 해결할 수 있는 자기 삶의 리더로 자라날 수 있을 것이다.

아이의
영재성에
날개를 달다

• • • • • • • • • • • • • • • • •
전문가가 추천하는 사고력 학습 방법 3가지

아이가 재능을 마음껏 펼쳐 높이 나느냐, 아니면 날갯짓 한번 못해보고 주저앉느냐는 부모의 역할과 분명히 관련이 있다. 따라서 부모는 뚜렷한 교육적 주관을 가지고 유아기부터 아이에게 시기적절한 자극과 동기와 기회를 줄 수 있어야 한다.

무한한 가능성을 가진 우리 아이들의 사고력 향상 훈련을 위해 교육기관에만 맡길 것인가? 아니면 부모가 적극적으로 참여해 좀더 폭넓게 사고하도록 도울 것인가? 대부분의 부모는 후자를 선택하려 하지만 현실은 전자 쪽에 가깝다.

Chapter 2 유아기에도 특별한 영재교육이 필요할까 그렇다면 가정에서 부모가 쉽게 할 수 있는 사고력 학습 방법은 없을까? 전문가들이 추천하는 몇 가지 방법을 살펴보자.

▶첫째, 브레인스토밍을 하라

브레인스토밍brainstorming이란 뇌에 폭풍을 일으킨다는 뜻으로, 한 가지 주제에 대해 여러 사람이 의견이나 아이디어를 주고받는 활동을 말한다. 이것은 유창성을 키우는 대표적인 활동이기도 하다. 예를 들어, '색깔' '아침식사' 등 간단한 주제를 놓고 어떤 것이든 자유롭게 이야기하면 된다.

단, 브레인스토밍을 할 때 주의할 점은 다른 사람의 아이디어를 비판해서는 안 된다는 것이다. 그래야 보다 자유롭게 사고하고 의견을 말할 수 있다. 모든 아이디어를 수용하되, '왜 그렇게 생각했는지' 덧붙여 물으면 된다. 실제로 브레인스토밍을 해보면 전혀 엉뚱하고 주제와 관련 없는 듯한 이야기가 쏟아져 나오기도 한다. 하지만 그 생각의 근거를 물어보면 틀림없이 그 주제와 맞닿아 있다는 것을 알게 된다.

브레인스토밍의 효과를 경험해본 부모라면 아이와 함께 손을 잡고 산책할 때마다 브레인스토밍을 해보라고 권유하고 싶다. 아이디어의 양만 늘어나는 것이 아니라, 그 많은 아이디어 중에서 보다 독특한 아이디어를 찾아내는 독창성, 여러 범주 안에서 유연하게 사고하는 융통성까지 함께 기를 수 있을 것이다.

▶ **둘째, 자주 묻되 열린 질문을 하라**

어떤 사람들은 아이의 미래가 엄마의 말 한마디에 달려 있다고 주장한다. 그리고 아이의 사고를 잠재우는 것은 "밥 먹을래? 아니면 빵 먹을래?" 하는 식의 아주 사소한 말 한마디라고 덧붙이기도 한다.

열린 질문이란 말 그대로 답이 열려 있는 질문을 말한다. "딱딱해 아니면 부드러워?" 하고 묻기보다는 그 물건을 만져보게 한 뒤 "느낌이 어때?"라고 묻는 것이 사고력 향상에 더 도움이 된다. 이 방법은 아이 스스로 생각해 해답을 찾고, 적절한 어휘를 선택해 자신의 감정이나 생각을 표현할 때 더없이 효과적이어서 폭넓은 사고를 하는 데 도움이 된다.

▶ **셋째, 함께 스토리를 만들어라**

하나의 주제로 이야기를 만들되 한 사람이 스토리를 처음부터 끝까지 전개시킬 수도 있지만, 되도록이면 부모와 아이가 한 문장씩 번갈아 이야기를 만드는 것이 더 효과적이다. 앞사람이 말한 스토리를 이어받아 스스로 뒷이야기를 꾸며야 하기 때문에 순발력을 기를 수 있고, 앞뒤의 개연성과 구조, 적합한 어휘 등을 생각하게 된다. 뒷이야기를 만드는 동안 아이는 무한한 상상을 하고 그 내용을 이미지화할 수 있다. 또한 자신이 만들어낸 결과물에 대해 만족감과 자존감까지 얻을 수 있다.

이 방법이 숙달되면 책을 읽으면서 다음 이야기가 어떻게 전개될지 추리하거나 주인공이 바뀌면 어떻게 될지, 원래의 내용과 다르게 전개된다면 결말이 어떨지 등등 하나의 텍스트를 여러 각도에서 생각해보도록 유도할 수도 있다.

이외에도 브레인스쿨 프로그램의 실제 수업과 연계해 '결합된 물건 만들기'도 해볼 수 있다. 서로 다른 두 동물의 결합, 동물과 사물의 결합 등 조금만 관심을 갖고 주위에서 찾아보면 아이의 사고력 훈련을 위한 소스는 얼마든지 찾아낼 수 있다.

이렇게 어릴 때부터 스스로 방법을 모색하고 전략을 짜서 결론을 도출하는 종합적 사고의 기회를 많이 경험한 아이들은 알고 있는 지식을 응용하고 조정하는 능력도 대체로 뛰어나다고 한다.

예를 들어 물의 흡수성을 알아보는 수업을 가정해보자. "한쪽에서 다른 쪽으로 물을 옮기는 방법에는 어떤 것이 있을까?"라고 선생님이 물으면, 대다수 아이들은 "물을 통째로 갖다 부어요." "국자로 옮겨요."라고 대답할 것이다. 하지만 물이 휴지나 스펀지에 흡수되는 것을 보았던 아이들은 휴지를 물에 담갔다가 반대쪽에 놓고 쥐어짜서 물을 옮길 수 있다.

영재교육원의 기출문제를 보면, 과연 답이 있을까 싶을 정도로 난감하면서도 사고력을 요하는 문제가 많다. 가령 "냉장고 문을 열어놓으면 실내 온도는 올라갈까, 내려갈까?" 또는 "지구 둘레를 잴 수 있는 방법이 무엇인지 생각해보라"라는 질문을 보고 시원스레 대답할 아이들이 몇이나 될까? 하지만 여러 면으로 궁리하는 태도가 습관이 된 아이라면, 나름의 논리를 설득력 있게 전개시킬 수 있을 것이다.

대부분의 아이들이 우리가 생각하는 것 이상의 능력을 타고나지만, 여러 가지 이유로 그 능력을 외면당하거나 어쩔 수 없이 사장시킨다. 이러한 여건 속에서 우리 아이들의 탁월한 잠재력을 가치 있는 능력으로 변화시키고자 한다면 우선 부모와 주변의 노력이 절대적으로 필요하다.

우리 아이들은 미래 사회의 인재로 성장할 것이다. '딱따구리는 왜 두통에 걸리지 않을까?' 혹은 '마른 스파게티를 구부리면 왜 길게 반으로 쪼개지지 않고 여러 조각으로 부러질까?' 등의 주제를 연구한 과학자들처럼 우리 아이들도 지속적인 문제 제기를 통해 각자의 분야에서 이 사회에 이바지할 수 있기를 기대한다.

Chapter 3

학교 성적도 영재성의 지표다

평생 성적, 초등학교 때 결정된다?

점수가 아니라 '동기'를 키워야 할 시기

몇 해 전 『평생 성적, 초등 4학년에 결정된다』라는 책이 화제가 되었다. 어찌 보면 약간 과장된 표현 같지만 우리의 교육 현실을 어느 정도는 정확히 반영하는 제목이 아닌가 생각된다.

초등학교 1~2학년 때에는 교과 과목의 구분이 애매한 통합적인 기초 학습을 경험하고, 교과 성취도를 평가하는 성적은 수치로 명확하게 주어지지도 않을뿐더러 별 의미도 없다. 하지만 3학년부터는 전국적으로 실시되는 일제고사에 의한 학력 평가와 매달 학교에서 실시하는 교과 평가를 근거로 해서 상대적으로 산출되는 등수가 학생들에게 상당한 압박감으로 작용한다.

물론 저학년 때는 학업 성적이 크게 좋지 않다가 고학년이 되면서 학습에 흥미를 갖고 스스로 공부 방법도 찾아 성적을 올리는 경우도 있고, 반대로 초등학교 때는 전교 상위권의 좋은 성적을 유지하다가 학년이 올라가면서 성적이 뚝 떨어져 전전긍긍하는 학생들도 있다.

하지만 현실적으로 초등학교 3학년 때 처음 받아 든 성적의 범위를 대학 진학할 때까지 벗어나지 못하는 경향이 있는 것은 사실이다. 학교 성적이란 것이 단순히 현재의 실력이나 교과 성적의 평가 정도를 벗어나, 학생 자신에게 심리적 영향을 끼칠 뿐만 아니라 객관적인 자기 평가의 근거로 작용하기 때문이다.

많은 학생들이 성적이 오르내림에 따라 자신감을 갖기도 하고 위축되기도 한다. 물론 초등학교 3학년 때의 성적이 절대 개인의 능력을 재는 객관적인 척도가 될 수는 없다. 하지만 성적이나 등수가 학생 개개인이 학교라는 작은 사회 속에서 자신의 위치와 자존감의 정도를 정하는 데 큰 영향을 준다는 것은 부인할 수 없다. 그리고 이러한 자존감, 자신감의 유무가 아직 어린 학생의 학습과 영재성의 발현에 긍정적으로 혹은 부정적으로 영향을 끼치는 것도 사실이다. 이런 이유로 지능지수가 매우 높아서 영재의 가능성을 보였던 어린 학생들이 학교생활과 교과 학습 과정에서 점점 도태되는 모습도 보게 된다.

교과과정은 학생 전체가 대상인 까닭에, 학생 개개인에 대한 맞춤형 학습으로 각자가 지닌 창의적 영재성을 다양하게 꽃피우게끔 구성되어 있다고는 볼 수 없다. 그렇다고 해서 현재의 교육 시스템이 영재성을 가로막는다고 주장할 근거도 없다. 사회 변화에 발맞추어 대응할 수 있도록 국내외의 유수한 교육학자들이 계속 개정해나가고 있기 때문이다.

실제로 일선 학교에서 진행되는 수업 방식이나 내용이 어느 특정 분야에 영재성을 가진 아이들에게는 눈높이에 맞지 않거나 다소 쉽게 느껴질 수 있다. 이런 경우 자칫 학교 공부에 소홀해지거나 학습 동기가 부여되지 않아 성적이 점점 떨어질 가능성이 있다. 따라서 이때는 방법을 조금 달리해야 한다. 예를 들어 학교 수업에만 의존하기보다는 동일한 교과 내용을 놓고 아이의 능력에 맞는 좀더 도전적인 과제와 심화된 주제로 부모와 함께 학습하는 방법을 생각해볼 수 있다. 꼭 부모가 아니더라도 여러 교육 시스템의 도움을 받을 수 있다면 충분히 활용하는 것이 좋다.

교과 학습이란 그 시기에 꼭 알아야 할 평균적이고 기본적인 내용을 배우는 것이다. 이 과정에서 '너무 쉽다'며 수업 자체를 평가절하하거나 노력을 게을리하는 것은 발전적인 차원에서 아무 도움도 되지 않는다. 오히려 과제 집착력과 문제해결력의 측면에서 볼 때, 매순간 꾸준히 동기부여를 하면서 노력을 집중하는 것이 진정한 영재성이라 할 수 있다.

물론 각각의 교육 현장마다 교육 방법이 다른 현실에서, 영재성을 지닌 학생들의 의욕을 깎아내리는 수업 방식과 맞닥뜨릴 수도 있다. 하지만 교과 성적이 단순한 학습 성취 평가만을 의미하는 것이 아니라 사회적, 심리적 학습 동기를 좌우하는 요소라고 볼 때, 학교 수업 이외의 다른 여러 교육 방식을 통해서라도 이를 보완해야 한다.

노력하지 않으면 영재가 아니다

내가 가르친 학생 가운데 현재 미국 버클리 대학에 재학중인 K군이 있다.

처음 만났을 때 K군은 초등학교 6학년이었다. 과학을 이해하는 속도나 응용하는 능력에서 지능지수도 매우 높고 문제해결력도 뛰어난 편이었다. 그런데 과제집착력은 그다지 강해 보이지 않았다. 대부분의 초등 6학년 남학생이 그렇듯이 K군 역시 잠시도 가만있지를 못했다. 학원 복도나 강의실을 쿵쿵 뛰어다니며 장난과 몸싸움을 일삼다 보니 수업 시간 50분 동안 자리에 앉아 있는 것 자체가 무리일 정도였다.

학원생들 대부분이 과학고등학교 진학이 목표이고 성적도 전교 10등 안에 드는 우등생이었다. 그런데 K군의 경우에는 과학고에 진학할 정도의 내신 성적을 유지하지 못했다. 물론 과학 성적은 학원에서 최고였지만, 다른 아이들처럼 자신감 있는 게 아니라 오히려 다소 위축된 모습이었다. 이런 모습은 학년이 올라가면서 더해갔다.

그러나 학원에서 과학 과목으로 나름 인정받고 조금씩 자신감이 생기면서 학교 수업보다는 학원 수업에 더 열중하기 시작했다. 그 결과 전국 과학경시대회에서 금상을 수상하고, 교과 성적이 상대적으로 좋지 않은데도 이 수상 경력이 도움이 되어 서울에 있는 명문 과학고에 진학할 수 있었다.

그 뒤 서울 곳곳의 수재들이 집결한 이 과학고에서 이변이 일어났다. 고교 진학 후 교과 내신 상대 등수가 중학교 때보다 훨씬 높게 나오는 진기한 현상이 벌어진 것이다. 이변의 주인공은 바로 K군이었다. 성적이라는 것은 어차피 등수로 평가되는 상대평가다. 그런데도 평준화 학교였던 중학교 등수보다 서울 지역 전교 1등만 모아놓은 과학고에서의 등수가 모든 과목에서 훨씬 높은 상위권을 유지한 것이다. 정말 불가사의한 일이었다.

어떻게 이런 일이 가능했을까?

바로 자신감이었다. 과학고는 수학, 과학이라면 내로라하는 우등생들의 집결지였지만, K군은 과학 하나만큼은 전국에서 몇 손가락 안에 꼽히는 실력을 가지고 있다는 자신감이 있었다. 그런 자신감이 곧 다른 교과에 대한 학습 동기까지 함께 불러일으킨 것이다.

이후 K군은 영어 성적까지 최고 수준을 유지하면서 과학고를 우수한 성적으로 졸업했다. 뿐만 아니라 뛰어난 영어 실력 덕분에 국비장학생으로 미국 유학길에 오를 수 있었다. 현재 K군은 버클리 대학의 응용물리 학부 과정을 훌륭하게 이수하고 있다.

흔히 역사적 위업을 남긴 위인들은 학교 성적이 그다지 뛰어나지 않았다며 영재들의 저조한 학업 성적을 합리화하곤 한다. 대표적인 예로, 2차 세계대전을 승리로 이끈 영국 수상 윈스턴 처칠과 20세기가 낳은 최고의 물리학자 알베르트 아인슈타인이 있다.

두 사람 모두 학교에서는 별로 인정받지 못한, 평범하다 못해 뒤떨어진 학생이었다는 것이다. 그런데 처칠이나 아인슈타인이 학교교육을 받던 시절의 권위적이고 군국주의적인 교육 풍토에 대한 언급이나 고찰은 쏙 빠져 있다. 그리고 두 사람이 이후 자신의 불리한 조건을 극복하고 뛰어난 업적을 이루기까지 다른 우등생들보다 얼마나 더 피나는 노력을 기울여야 했는지에 대한 이야기도 빠져 있다. 이렇게 중요한 알맹이는 모두 빠뜨린 채 피상적으로 '영재는 성적이 안 좋을 수도 있다'는 식으로 말하곤 한다.

솔직히 영재성을 가진 모든 학생들이 교과 성적에서 뛰어난 결과를 보여 준다고 말할 수는 없다. 하지만 영재들도 학교 성적이 뛰어날 수 있고, 또 그래야 한다. 초등학교 3학년 때 처음 받아 든 성적표는 단순히 현재의 교과 내용에 대한 실력만이 아니라, 이 아이가 한국의 교육 현실에 얼마나 적응하고 있고, 또 앞으로 얼마나 잘 적응해갈 수 있을지를 말해준다. 뿐만 아니라 앞으로 이 아이가 어느 정도까지 자신의 영재성을 펼칠 수 있을지의 가능성에 대한 심리적인 동기부여 역할도 한다.

과연 초등학교 때의 성적이 인생의 성적까지 결정할 수 있는지는 알 수 없다. 하지만 어린 시절부터 교과과정을 소홀히 하는 습관을 들이게 되면 아이가 가진 영재성은 꽃 피울 기회도 없이 스스로 시들어버릴 여지가 높은 것은 사실이다.

아이가 가진 영재성을 마음껏 꽃피우게 하려면 시작부터 교과 학습을 소홀히 하지 말아야 한다. 거기서 보람을 찾고 자긍심을 키울 방법을 모색해야 한다.

초등학생 공부 습관 들이기

1. 에빙하우스의 망각곡선(학습 후 10분 뒤부터 망각이 시작되어 1시간이 지나면 50%, 하루가 지나면 70%, 한 달 뒤에는 80%를 망각하게 된다는 이론)을 기억하라. 배우자마자 바로, 또 주기적으로 복습해야 한다.
2. 궁금한 것을 적어두었다가 해결할 수 있는 '질문 노트'를 만들어라.
3. 목표는 구체적으로 잡게 하라. 단순히 '의사가 될 거야'가 아니라, 어떤 과정을 거쳐서 어떻게 의사가 될 것인지 생각하게 한다.
4. 학생의 능력에 맞게 공부 시간을 조금씩 늘려라. 처음부터 많이 공부시킬 생각은 버려라.
5. 수업에 지각하지 않게 하라.
6. 그날 배운 것을 자기 언어로 부모에게 간단히 설명해보게 하라.
7. 숙제는 머리가 아니라 꼭 알림장에 적게 하라.
8. 양보다는 질. 시간을 정해놓고 그 시간을 채우게 공부시키기보다는 공부의 양을 정해놓고 목표를 달성하는 연습을 시켜라.
9. 모르는 수학 문제가 나오면 시간을 들여 고민하게 하라. 재빨리 해답을 보면 안 된다.
10. 자투리 시간을 잘 활용하게 하라. 5분, 10분이 소중하다는 것을 알아야 한다.

무엇을 위한 선행 학습인가

"선행 학습에 대해 어떻게 생각하십니까?"

영재교육 간담회 같은 자리에서 학부모들에게 가장 많이 받는 질문이다.

아마 내가 학원에서 오랫동안 아이들을 가르쳐왔기 때문이기도 하겠지만, 학원 교육이 선행 학습에 치중되어 있다는 편견 때문에 선행 학습의 장단점에 대해 누구보다 잘 알 거라 여겼을 것이다.

최근 언론에서는 사교육이 행하고 있는 선행 교육의 폐해에 대해 연일 보도하고 있고, 학교에서 배워야 할 내용을 사교육에서 미리 가르치기 때문에 학교 수업의 흥미만 떨어뜨리는 등 악영향을 끼친다고들 이야기한다. 과연 그럴까?

사실 그런 견해를 전적으로 부인할 수는 없다. 사교육 기관들이 과잉 상태로 늘어나다 보니, 독자적으로 개발한 프로그램이나 커리큘럼 없이 시중에 나와 있는 학교교육 보조재들을 이용해 손쉽게 대체 프로그램을 진행하는 것이 현실이다. 그리고 그런 프로그램들 대부분이 단지 학교보다 진도를 앞서가는 수업으로 구성되어 있다.

당연한 얘기지만 이런 종류의 선행 교육은 그저 학교에서 배울 내용을 미리 반복적으로 주입한다는 것 말고는 아무런 의미가 없다. 물론 선행 학습이 단기적인 성적 향상을 가져올 수는 있지만, 장기적으로는 학교 수업에 대한 흥미를 떨어뜨리고 이로 인해 오히려 학교 성적이 나빠지는 부작용을 초래하기도 한다.

영재학습을 표방하는 사교육 기관에서도 이런 폐해를 쉽게 발견할 수 있다. 내가 학원가에서 관찰한 바에 따르면, 과학 특목고 진학을 목표로 하는 학원 중 일부에서는 중학교 1학년 학생에게 상위권 고등학생들이 보는 대입용 심화 교재나 대학 교재를 무조건 주 교재로 삼아 프로그램을 운용하고, 이것을 대대적으로 홍보하기까지 한다.

과학 과목의 특성상 각 단계별로 요구되는 수학 능력의 정도가 다르다. 이런 능력이 뒷받침되지 않은 상황에서 억지로 밀어붙이는 선행 학습은 제아무리 영재라 한들 이해도가 10% 안팎에 머무를 수밖에 없다. 그런데 학원 측에서는, 처음에는 10%라고 해도 계속 반복하다 보면 이해도가 점점 높아져 나중에는 완벽하게 이해하고 학습하게 된다고 주장한다. 하지만 이런 교육을 받은 학생들을 실제로 만나본 결과, 완벽하게 이해하기는커녕 수박 겉

훑기식으로 어정쩡한 상태에 머물러 있을 뿐이었다.

아이의 심리 상태로 볼 때, 비록 10%밖에 이해하지 못했어도 일단 그 교재는 자신이 처음부터 끝까지 공부한 교재다. 따라서 그 책을 다시 펼칠 때는 꼼꼼하게 들여다보지 않게 되는 것이다. 처음 접할 때 완전히 이해하지 못하고 지나친 부분을 다시 보게 되더라도, 이미 한 번 보았던 것이라는 생각 때문에 소홀히 다룰 수밖에 없게 된다.

몇 번을 반복해서 보다 보면 수학적인 능력이나 내용 이해도는 높아질지 몰라도, 처음에 이해하지 못하고 넘어갔던 부분은 그대로, 끝까지 자신 없는 취약점으로 남게 된다. 이것이 선행 학습 폐해의 단적인 예다. 학생들마다 이해도가 다르다. 그렇기 때문에 저마다의 이해도와 눈높이에 맞게 설계된 프로그램과 커리큘럼이 필요한 것이다.

그렇다고 모든 선행 학습이 독이 되는 것은 아니다. 그렇게 단정 지을 수는 없다. 전문가가 학생들의 적절한 학습 시기와 눈높이를 고려해 순서대로 잘 준비한 선행 학습도 있다. 하지만 이러한 교과과정이 대한민국 모든 학생들의 학업 능력과 이해 능력의 개인차까지 세심하게 고려한 것이라고 볼 수는 없다. 그것은 처음부터 불가능한 일이다. 전체 학생을 대상으로 하는 교과과정인 만큼 일반적인 경향과 수준에 맞춰 결정되는 것은 당연하기 때문이다.

언론에서 지적하듯, 모든 학생이 능력의 편차를 고려하지 않은 교과과정에 맞춰 학교 진도와 계획에 따라서만 학습해야 한다는 것은 학생들의 다양성을 배제한 획일적인 생각이다. 물론 교과과정에서도 수준별 교육이 가능하고 이에 따라 진도를 조정할 수 있다고 되어 있다. 하지만 현실 상황에 맞게 수준별 교육을 실시하는 곳은 어디에서도 찾아볼 수 없다.

사실 영재들을 선발해 가르치는 영재학교나 과학고등학교의 커리큘럼은 일반 인문계 고등학교와 비교할 때 그 심화 정도나 난이도의 격차가 너무 크다. 중학교 과정에서부터 적절히 선행 학습을 하지 않을 경우, 영재학교나 과학고의 입시를 통과하기도 어려울뿐더러, 입학 후에도 갑자기 난이도가 높아진 교과 학습에 제대로 적응하기 어려울 정도다.

최근 서울시 교육위원회에서는 사교육 선행 학습을 방지하기 위해 과학고등학교 입학시험에서 선행 학습이 필요한 문제는 출제하지 않도록 일선 학교에 지시하겠다는 방침을 발표했다. 하지만 입학 선발 과정만이 문제가 아니다. 입학 이후의 교과 학업 성취도에 따라 대학 진학이 결정된다고 볼 때, 과학고를 비롯한 우수 고등학교의 선발된 영재들이 공부하는 내용까지 세세하게 고려하지 않는다면 이는 반쪽짜리 정책일 수밖에 없다.

또한 대학 입시에서 상위권 대학들은 특목고 학생들을 선발할 때 이런 심화 학습을 전제로 하여 입시 전형을 결정한다. 그리고 과학 특목고의 설립과 운영 목적이 어느 정도는 수학과 과학의 심화 학습에 있다고 할 수 있다. 이러한 상황을 고려할 때, 언론에서 말하듯 교과과정이 선행 학습을 한 학생들에게 전혀 유리하지 않게 바뀔 것이라고 판단하기는 어렵다.

어떤 선행 학습이어야 할까

그렇다면 영재성을 지닌 아이들에게는 어느 정도의 선행 학습이 필요할까?

답은 적절한 선행 학습이다. 선행 학습은 두 가지로 구분할 수 있다. 동일한 수준의 학습에서 진도만 앞서가는 ①진도 선행 학습, 그리고 선행 교과 내용을 자료 삼아 현재 진도의 교과 내용을 심화해 학습하는 ②심화 선행 학습으로 나뉜다.

학생들마다 학습 능력이 다르고, 과목별 성취도나 이해도 제각각이다. 이런 사실을 인정한다면, 모든 학생이 학교에서 정한 진도에 따라 학습해야 한다는 획일적인 정책은 그야말로 무의미하다. 영재성을 지닌 학생은 교과 이해도가 빠르므로, 흥미와 동기를 유발하면서 눈높이에 맞는 선행 학습이 필요하고, 반대로 교과를 따라가는 것도 벅찬 학생들에게는 진도를 조금 늦춰서라도 기본 교과 내용을 확실히 이해하게 해야 한다. 이것이 이상적인 교과과정의 운영일 것이다.

오랜 전통과 효율적인 교육 체계를 갖춘 미국의 교육과정을 살펴보자.

미국은 학교마다 수준별 교육과정이 제대로 갖춰져 있다. 우수한 학생들은 12학년(우리나라 고2) 정도가 되면 고등 교과과정에서 이수해야 할 과목을 모두 이수한 뒤 대학 교양 과정의 과목들을 학습한다. 이들 프로그램을 독자적으로 운영하는 학교도 있고, 인근 대학에서 수강하도록 시스템을 갖춘 학교도 있다.

미국의 고등학교에서는 전국적으로 AP Advanced Placement 시험을 실시한다. 대학 교육과정을 이수한 뒤 대학 입학 전형에서 학생의 실력을 증명하기 위해 치르는 시험이다. 아이비리그와 같은 명문대학에 진학하기 위해서는 서너 개 과목의 AP 시험을 통과해야 한다. 거꾸로 학업 능력이 떨어져 기본 교과도 따라가기 힘든 학생들은 졸업에 필요한 기본 교과과정만 이수하면 된다.

따라서 미국 학교의 경우, 단순히 성적표의 학점만으로 학생의 실력을 판단하기는 힘들다. A학생이 AP 과정에서 B를 받고, B학생이 기본 교과 과정에서 A+를 받았다고 하자. 성적표에 기록된 학점만으로 두 학생의 실력을 객관적으로 평가할 수 있을까? 어떤 수준의 과목을 이수했느냐를 함께 고려하지 않는 한 정확히 평가할 수 없다.

이렇게 보면 미국의 학교교육은 그 시스템 안에 선행 학습을 이미 제도화하고 있는 셈이다. 이것이 바로 수준별 학습이다. 우수한 학생이나 교과과정을 버거워하는 학생 모두가 똑같은 교과과정에 따라 똑같은 진도로 수업을 받고, 동일한 평가 기준으로 성적이나 등수를 매기는 우리의 공교육 시스템과는 차이가 있다.

영재성을 지닌 뛰어난 학생들에게 일정한 기준선을 정해주고 너무 앞서 가지 말고 남과 보조를 맞추라고 강요하는 것은, 개개인의 재능과 다양성을 인정하지 않은 구시대적인 정책일 뿐이다. 물론 학교교육에서 이런 다양성과 재능의 차이를 발견하고 인정할 수 있다면 좋겠지만, 그런 여건이 조성되어 있지 않은 현재의 교육 환경에서는 개별적으로 학습의 기회를 선택할 수밖에 없다. 그리고 사교육이 바로 이런 부족함을 채워주는 대체 수단으로 활용되고 있는 것이다.

하지만 난립해 있는 수많은 학원 중에서 적절한 교육기관과 프로그램을 가려낸다는 것은 쉬운 일이 아니다. 앞서 말했듯이 모든 사교육 기관들이 적절한 프로그램을 실시하는 것은 아니기 때문이다.

아이들을 위한 교육 프로그램을 구성할 때 나는 아이들 눈높이보다 130% 정도 높은 수준이 가장 적절하다고 주장한다. 학생에게 부담을 주지 않으면서도 어느 정도 내용을 이해하고 응용할 수 있으며, 만족할 만한 성취감을 줄 수 있는 기준이라고 생각하기 때문이다. 이런 기준을 토대로 아이 스스로 자신의 부족한 부분을 기꺼이 인정하고 도전의식을 갖고 즐겁게 채워갈 수 있도록 세심하게 배려한 프로그램이 필요하다.

그러나 저마다 개성과 능력이 다양한 아이들을 대상으로 이상적인 선행 교육을 실시하는 학원을 찾기란 쉽지 않다. 불행히도 공교육 시스템의 허점을 보완하고 자녀에게 맞는 사교육 프로그램을 찾아내는 일은 학부모의 몫으로 고스란히 남아 있다. 그것이 지금의 우리 현실이다.

진도 선행 학습은 한 학기 이상을 앞서가지 않는 것이 좋다. 학교를 그만두고 별도의 대안학교나 홈스쿨링을 계획하는 것이 아니라면, 아무리 뛰어

올바른 선행 학습법

1. 특목고 입시 같은 특별한 목표를 눈앞에 두고 있는 것이 아니라면 한 학기 정도의 선행 학습이 가장 적절하다.
2. 수준이 높은 반에서 수업을 듣는다고 실력이 저절로 좋아지는 것은 아니다. 자기 수준에 맞는 반에서 수강하는 것이 좋다.
3. 문제집을 고를 때는 70% 정도 문제의 정답을 맞힐 수 있는 수준으로 선택하라.
4. 수업 내용을 잘 이해하지 못했을 때 같은 수업을 다시 듣는 것을 부끄러워하거나 주저하지 마라.
5. 같은 단계의 학습을 반복하는 경우, 같은 문제집을 계속 보기보다는 다른 교재를 이용하라.

난 영재성을 보인다 하더라도 학교 수업에서 흥미를 느끼고 자신감을 쌓아가며 스스로 리드해나갈 수 있는 과정이 필요하다. 한 학기 이상을 앞서가는 진도 선행은 학습 동기를 유발하기보다는 오히려 의욕을 떨어뜨릴 가능성이 더 크다.

심화 선행 학습은 학년과 연령에 맞게 준비된 프로그램을 선택해야 한다. 학생의 눈높이에 맞춰 적절히 재구성하지 않은 교재를 선택해 난이도에 관계없이 이해하지 못하는 내용은 건너뛰며 무리하게 진행하는 사교육 수업은 오히려 독이 된다.

아이들의 개성과 재능이 다양하듯이 교육의 눈높이 역시 다양해야 한다. 학교에서 아이들 각자의 눈높이에 맞춘 교육을 할 수 없다면, 다른 방법으로라도 보완해 아이들의 억눌린 영재성을 자유롭게 놓아주어야 한다. 그 방법이 꼭 사교육일 필요는 없다. 많은 사교육 기관이 무모한 선행 학습으로 사회적 지탄을 받고 있다는 사실을 염두에 둔다면 말이다. 결국 지혜로운 선택과 판단으로 옥석을 가려야 하는 과중한 임무는 부모의 어깨에 지워진 셈이다.

반복과 훈련이
성적을 올리는
비법은 아니다

● ● ● ● ● ● ● ● ● ● ●
반복과 암기가 최고의 교육 방법이라고 믿지 말라

학교에서 상위권의 성적을 유지하는 아이들의 경우, 내신 성적을 좌우하는 시험의 난이도에 대해서는 그다지 높이 평가하지 않는 편이다. 너무 '뻔한' 문제가 출제된다는 이유에서다. 이들의 관심사는 등수이고 만점을 받는 것이다. 특목고 등의 진학 때문에 등수가 중요하고, 높은 등수를 얻자니 쉽고 '뻔한' 시험에서 만점을 받는 게 중요한 것이다. 그래서 실수를 최소화하는 일에 많은 시간을 투자한다. 아무리 실력이 있어도 시험에서는 언제나 실수를 할 수 있기 때문이다. 그리고 실수를 줄이는 최고의 방법은 바로 반복 훈련이라고들 굳게 믿고 있다.

시험 때가 되면 우수한 영재 학생들도 교과서와 수업 시간에 나누어준 프린트를 달달 외우다시피 한다. 그리고 시험 유형과 비슷한 문제를 풀고 또 푼다. 각 학교의 기출문제를 정리해놓은 내신 대비 학원의 인기도 치솟는다. 학업 성적이 뛰어난 학생들에게도 그 인기는 변함이 없다. 높은 점수를 얻기 위해서일까? 아니다. 반드시 만점을 받아야 하기 때문이다.

수준별 학습이 불가능한 지금의 교육 시스템에서 문제의 난이도 차이가 이런 현상을 낳는 것이라고 말하기는 힘들다. 같은 학급 내에서도 이 정도의 시험 문제를 반 이상이나마 맞혀보려고 애쓰는 학생들이 있기 때문이다.

교과 내용을 잘 이해하지 못하는 학생들도 시험을 앞두고는 하나씩 풀어보면서 이해해나가는 방법보다는 되도록 많은 문제를 반복해서 풀어보는 방법을 택한다. 실제로 그 방법이 성적 향상에 도움이 되기 때문이다. 이것이 내신 시험을 준비하는 우리 학생들의 현실이다. 모두가 반복 학습이 좋은 성적을 내는 최고의 방법이라고 믿고 있다.

학원들 역시 마찬가지다. 과학 영재들을 가르치는 과학고 대비 학습에도 반복과 암기가 최고의 교육 방법이라고 믿는 학원들이 있다. 이런 학습 방법이 어느 정도 성과를 내놓기도 했다. 어떤 학원들의 교육 방법을 보면 참 미련하기 이를 데 없다. 상위권 학생들을 위한 심화 학습 교재들을 복사하다가 문구들 곳곳을 지워 괄호로 비워놓고는 암기한 내용을 빈칸에 채워 넣는 시험을 보게 해, 어느 정도의 성적이 나오지 않으면 새벽까지 집에 보내지 않고 계속 반복시킨다. 실망스럽고도 우려할 만한 일이다.

오래전부터 학생과 학부모들이 신봉해온 반복 학습은 일본식 교육의 잔재이기도 하다. 반복 학습의 가장 대표적인 예가 바로 학습지 교육이다. 초등학교 저학년부터 수학, 국어, 영어 과목을 풀고, 또 풀고, 끝없이 풀어가며 공부를 한다. 좋은 성적이 나올 때까지 같은 수준의 문제를 계속 반복하는 식이다. 내용을 정확히 이해하고 있는지는 별로 중요하지 않다. 실수도 실력의 일부일 뿐인 것이다. 물론 어느 면에서는 납득이 간다. 반복 학습으로 한 단계를 통과한 다음 다시 한 단계 수준을 올리고, 또다시 반복하는 것이 학습지 교육의 일반적인 방식이니 말이다.

이해 없는 반복학습은 무익하다

미국의 수학 교육 방식은 이런 학습지 교육의 반복 학습 방식과는 매우 대조적이다. 유학 시절, 한인 교회에 갔다가 그곳의 한글학교에서 중·고등학생에게 SAT 수학 강의를 한 적이 있다. 그때 미국의 중·고등학교 수학 교과서와 교과과정을 곁눈질로나마 살펴볼 기회가 있었다.

특이했던 점은 수학 시간에 학생들이 공학용 계산기를 옆에 두고 복잡한 계산(심지어 미적분까지)은 계산기로 해결한다는 것이었다. 심지어 교과서에 계산기로 그래프를 그려보라는 예제가 있을 정도였다.

미국 수학 교육의 주안점은 수학 연산이나 개념을 이해시키는 것이다. 개념을 이해하고 나면 몇 개의 예제를 통해 이를 실제로 계산하고 확인해볼 뿐 계산을 잘하기 위한 더이상의 반복 연습은 없다. 계산은 계산기가 다 알아서 해주기 때문이다. 얼핏 이해가 안 갈 수도 있는 얘기지만, 실질적인 것을 중시하고 개인의 학습을 다양한 자율성에 맡기는 미국의 교육 철학에 부합하는 방식이다. 물론 최근에는 미국 학생들의 수학 실력이 다른 나라에 비해 많이 떨어진다며, 이런 교육 방식에 문제를 제기하는 등 연습과 훈련의 중요성을 다소 강조하는 분위기이기는 하다.

그렇다면 학교 성적을 위해서는 영재들도 어쩔 수 없이 반복 훈련을 해야 하는 것일까? 물론 나의 견해로는 전혀 그렇지 않다. 미국과 일본의 교육 유형 중 어느 한쪽이 우월하다고 말할 수는 없다. 그러나 뛰어난 재능을 지닌 영재들이 자발적인 동기를 갖고 스스로 학습 능력을 키워나가는 데 반복과 훈련이 과연 어떤 영향을 미칠지 상상해보면, 나의 이런 견해에 쉽게 동의할 것이다.

미국에서 SAT 교습 과정에서 만난 어느 한국 학생이 나에게 이런 부탁을 한 적이 있다.

"학습지 좀 그만하게 우리 엄마한테 얘기 좀 해주세요!"

이 학생은 당시 미국의 최고 학군이라는 필라델피아의 명문 학교에서 거의 전 과목에 걸쳐 최고 점수를 받은 영재였다. 잘 아는 수학 연산인데도 단지 실수했다는 이유로 엄마가 계속 반복 학습을 시킨다는 것이었다. 그 때문에 오히려 수학에 대한 흥미마저 잃고 있었다.

게다가 학습지를 통한 반복 학습이 미국의 교육 환경에서는 교과 성적에도 전혀 도움이 되지 않았다. 하지만 한국에서 자라고 교육받았던 부모로서는 반복 훈련이야말로 가장 효과적인 학습법이었을 것이고, 그것을 자식에게 그대로 적용하려 했던 것이다. 그 뒤로도 학원에서 재능이 뛰어난 학생들을 많이 만나보았지만, 대다수가 반복과 암기를 강요하는 학습 방식에 불만을 갖고 있었다.

모든 과목에서 문제해결력을 향상시키기 위해서는 어느 정도의 개념 이해와 교과 내용을 응용하는 연습이 필요하다. 하지만 응용력을 기르기 위한 연습 과정에서는 난이도를 적절히 높이고, 문제의 영역과 풀이 방법을 점차 심화하고 확장한 연습문제를 충분히 접해보는 것이 중요하다.

그렇게 해서 새롭게 배우고 깨닫는 과정을 즐길 수 있어야 한다. 단순히 실수를 줄이기 위해 이미 알고 있는 내용을 끝없이 반복하다가는 학습이 지루해질 수밖에 없다. 게다가 영재성을 지닌 학생들은 공부의 의욕마저 잃을 수 있다.

최근에는 단순히 누가 실수를 덜 하느냐를 평가하는 방식의 단점을 보완하기 위해 서술형 문제를 강화하는 쪽으로 학교교육의 방향을 전환하고 있다. 이는 창의성과 다양성이 존중되는 21세기 교육의 패러다임에 부응하고자 하는 노력이고 바람직한 변화이다. 그런 흐름에 힘입어 내용에 대한 이해 없이 반복 학습과 훈련을 통해 실수를 줄여 성적을 올리려는 편법이 점차 줄어들고 있는 추세다.

영재들에게도 연습은 반드시 필요하다. 학습 내용을 이해했어도 스스로 연습해보지 않고서는 자기 것으로 완전히 소화할 수 없다. 하지만 암기를 위한 반복과, 이해한 내용을 실제 문제 해결에 적용하기 위한 응용력 배양은 엄밀히 구별해야 한다. 반복하고 암기하느라 공부한 내용을 깊이 있게 이해하지 못하고 단기적인 성과를 올리는 학습 방식에만 익숙해지다 보면, 자신이 가진 뛰어난 재능과 능력을 마음껏 발휘할 수 없게 된다.

문제해결력과 응용력을 키우기 위한 연습 과정은 학생의 눈높이에 맞게 보다 효과적으로 설계해야 한다. 그래야만 학습 의욕과 도전의식을 일깨우는 긍정적인 효과를 거둘 수 있기 때문이다. 동일한 난이도의 문제를 지겹도록 되풀이하는 것이 아니라, 문제 하나를 해결한 뒤에는 또 다른 과정의 문제를 해결하면서 새로운 세계가 열리는 것을 경험할 수 있어야 한다.

요컨대 필요한 것은 반복이 아니라 '잘 설계된 연습'이다. 그리고 이렇게 잘 설계된 연습 과정을 통해 영재성을 더욱더 창조적으로 발현할 수 있다.

교과 성적을 올리는 비법

1. 수업 시간에 선생님과 눈을 맞추고 대답하자.
2. 선생님을 좋아하게 되면 공부도 즐거워진다. 선생님과 가까워지자.
3. 수업 시간에는 지금이 아니면 다시 못 본다는 마음으로 집중하자.
4. 많은 양을 공부해야 할 때는 목차부터 보고 공부를 시작하자.
5. 내용이 머리에 들어오지 않을 때는 마인드맵을 그려가면서 공부하자.
6. 단순히 암기해야 하는 내용은 의미를 부여해 기억하자.

영재는
모든 과목에서
뛰어나다?

••••••••••••
엄친아, 우리 시대의 슬픈 자화상

몇 년 전 서울의 어느 외국인 학교에 대한 기사가 신문에 실렸다. 연희동에 있는 이 학교는 초등학교부터 고등학교까지의 과정을 미국에서 그대로 옮겨와 실행하고 있는 곳이다. 입학 조건도 매우 까다롭고 미국 명문 대학으로의 진학률도 아주 높다고 알려져 있다. 미국 대학들에서도 우수한 인재들이 모인 곳으로 인정하는 학교였다. 사정이 이렇다 보니 세간의 관심이 집중되고 특집 기사의 취재 대상이 되는 것은 당연한 일.

　기사 내용 중에서 그 학교의 학생과 엄마가 나눈 대화가 꽤 인상적이었다.
　"너희 반에서는 누가 공부를 제일 잘하니?"

대한민국 학부모라면 누구나 한 번씩 물어보는 질문이었다. 아마 엄마는 아이에게서 "아무개가 1등이야"라는 단순한 대답을 기대했을 것이다. 그런데 학생의 대답은 다소 엉뚱했다.

"엄마, 그렇게 바보 같은 질문이 어디 있어? 수학은 ○○가 잘하고, 과학은 ○○, 역사는 ○○, 그리고 축구는 ○○가 잘해."

'엄마 친구 아들'의 줄임말인 '엄친아'라는 신조어가 유행하기 시작한 지 오래되었다. 엄친아는 모든 면에서 뛰어나다. 모든 과목에서 우수한 성적을 올릴 뿐만 아니라 만능 스포츠맨에다 성격도 온화하고, 리더십도 있고 예의도 바르다. 한마디로 '슈퍼맨'이다.

과연 이런 사람이 존재할까? 엄친아가 실제로 존재하려면 '엄마 친구 아들'이라기보다는 '엄마 친구 아들들'이라고 표현해야 할 것이다. 엄마가 만난 '여러' 친구의 '여러' 아들에게서 좋은 면만 모두 모아 합성한 가상의 인물이 바로 '엄친아'이기 때문이다.

'엄친아'는 한국 교육이 만들어낸 허상이다.

다양성을 존중하고 한 분야에서의 뛰어난 우수성을 인정하고 격려하기보다는 모자라는 점을 지적하고 끌어올려 전체적으로 앞서가야 한다는 우리 사회의 강박관념이 '엄친아'라는 어긋난 모델을 만들어낸 것이다.

21세기의 새로운 사회는 고전적이고 보수적인 기준으로는 구분해 설명할 수 없는 새로운 연구와 업무 분야를 창조해가고 있다. 이렇게 넓어지는 영역 어디서나 뛰어난 능력을 발휘하는 영재가 존재할 수 있을까? 아니, 그것이 과연 우리에게 필요한 영재상일까?

우리 사회에서 모든 과목을 두루 잘하는 만능 우등생을 찾기란 그리 어렵지 않다. 한 과목에서 1등을 하는 학생이 다른 과목에서도 역시 1등인 경우도 쉽게 만나볼 수 있다. 그렇기 때문에 더욱 이런 '종합 선물 세트' 같은 영재의 능력을 요구하게 되는 것이 아닐까.

하지만 요즘은 부모 세대에 비해 학문이 놀랍도록 발전했고, 그 성과에 따라 교과과정 역시 더욱 심화되고 있다. 그만큼 학년이 올라갈수록 모든 과목을 두루 잘하는 종합적인 영재가 나오기 힘들다. 따라서 변화의 지점을 명확히 보고 대응하면서, 영재들이 올바른 방향으로 교육받게끔 인도해야 한다.

국제물리올림피아드 금메달의 비결

내가 가르친 학생 중에 L군이 있다. 국제물리올림피아드 대회에 우리나라 대표 다섯 명 중 하나로 뽑혀 금메달을 딴 학생이다. 중학교 1학년일 때 L군을 처음 만났다. 첫눈에 보기에도 L군의 물리에 대한 이해력과 응용력, 집중력은 감탄을 자아낼 정도였다. 수학, 물리 같은 수리 영역에서는 타의 추종을 불허했다. 하지만 다른 학생들과 자연스럽게 어울리지 못하는 듯했다.

처음에는 나 역시 L군의 모든 과목 성적이 우수할 거라고 짐작했다. 그런데 상담 때 L군의 어머니는 뜻밖의 말을 했다.

"아이 성적 때문에 걱정이 이만저만이 아니랍니다."

수학, 과학 과목만 전교에서 최상위권이지, 영어나 국어 성적은 중상위권을 맴도는 정도라고 했다. 보기 드문 경우였다. 당시 과학고등학교에 진학하기 위해서는 수학, 과학, 영어, 국어 성적이 모두 합산된 내신 점수가 일정 정도 이상이 되어야 했다. 아이를 어떻게든 과학고에 진학시키려는 어머니로서는 걱정이 클 수밖에 없었다. 나는 L군의 어머니한테 말했다.

"꼭 과학고가 아니더라도 대학 진학에는 문제가 없을 겁니다. 수학, 과학에 이렇게 뛰어난걸요. '과학특기생전형'처럼 특정 과목의 뛰어난 능력에 가점을 주는 대학 전형에 유리하기 때문에 얼마든지 좋은 대학에 진학할 수 있습니다. 그러니 다른 과목을 잘 못한다고 너무 나무라지 마시고, 지금 잘하고 있는 과목에 대해 더 많이 격려해주세요."

다행히 그 당시 영재교육진흥법이 제정되고 영재교육 정책이 선진적으로 추진되면서 처음으로 부산에서 영재학교가 문을 열었다. L군은 입학 전형에서 영재성을 인정받아 중학교 2학년생으로는 파격적으로 조기 입학을 할 수 있었다.

하지만 영재학교 입학 후에도 L군의 성적 불균형은 계속되었다. 그것은 일종의 학습 편식 현상이기도 하고, 영재학교 커리큘럼의 특징이 반영된 결과이기도 했다. 영재학교는 대학교 식의 학점 운영 제도를 실시한다. 입학 후에 치르는 배치고사의 결과에 따라 선택할 수 있는 교과목의 수준이 정해진다. 능력 있는 학생들은 심화된 강좌를 선택할 수 있고, 우수 선발생이라도 상대적으로 실력이 뒤처지는 과목은 기본 과정만 이수할 수 있도록 탄력적으로 강의를 개설하고 있었다. L군은 이런 수강제의 특성을 요령껏 활용했다.

수학과 물리 과목은 높은 배치고사 성적으로 대학교 2~3학년이 수강할 수 있는 강좌를 선택해서 최고의 학점을 받았다. 하지만 취약한 여타의 과목은 상대적으로 낮은 수준의 강좌를 선택했는데도 오히려 별로 좋지 못한 결과를 손에 쥔 것이다.

부산에서 학교를 다녔던 L군은 방학 때마다(영재학교는 일반 학교와 방학 일정이 다르다) 학원으로 나를 찾아와 서울 학생들의 수업 내용과 문제를 제공해달라고 부탁했다. 나는 자료만 건네주기가 미안해서 빈 강의실의 자리를 내주고 질문이 있으면 언제든지 찾아와서 물어보라고 했다. 그런데 강의를 하다가 그만 이 학생이 혼자 공부하고 있다는 것을 까맣게 잊어버린 일이 있었다. 대여섯 시간이 지나 식사 시간이 되어서야 달려가 보니, L군은 그때까지도 꼼짝 않고 내가 준 자료와 씨름을 하고 있었다. 그렇게 무서운 집중력이 있었기에, L군이 국제물리올림피아드 국가 대표로 선발되어 금메달을 거머쥘 수 있었던 것이다.

물론 L군은 학교 교과목의 전체 등수는 우수한 편이었지만 '엄친아'는 아니었다. 그러나 중학교 때 유일하게, 그것도 2학년으로 영재학교에 조기 진학할 정도로 영재성을 인정받았다. 진학 후에도 전체 교과목 성적은 썩 좋지 못했지만, 부산에 처음 개교한 영재학교에서 최초의 과학올림피아드 국가 대표로 선발되어 국제대회 금메달이라는 최고의 성과를 거두었다.

이런 L군을 두고 모든 과목을 두루 잘하는 '엄친아'가 아니니까 영재가 아니라고 말할 수 있을까? 여러 과목을 골고루 잘하는 것보다는 자신이 좋아하고 소질 있는 몇 가지 분야에 흥미를 가지고 마음껏 능력을 발휘하는 것이 성공 가능성이 더 높다.

영재성을 지닌 우리 아이들에게 필요한 것은 소홀한 교과목이나 뒤처지는 분야에 대한 질책이 아니라, 스스로 흥미를 느끼는 것에 더욱 열심히 매진할 수 있도록 용기를 북돋워주는 일이다.

아이에게 감독보다는 멘토가 되어라

1. 아이는 기대치만큼 행동한다. 무엇이든 잘 해낼 수 있다고 격려하라.
2. 아이보다 앞서가면서 아이를 이끌기보다는 반걸음 뒤에서 따라가면서 지원하는 것이 좋다.
3. 공부에 대해 지적하고 잔소리하기보다는 마음이 통하는 대화를 나누어라.
4. 아이의 능력과 가능성을 신뢰하라.
5. 아이가 재능을 보이는 분야에서는 심화된 영역까지 맘껏 파고들 수 있도록 기회를 주어라.
6. 상대적으로 뒤처지는 분야에 대해서도 지금의 능력을 격려하고 포기하지 않게 하라.
7. 부모가 욕심을 버려야 아이에게도 학습이 즐거운 도전이 될 수 있다.
8. 물리적 체벌은 절대 금지! 아이의 자발적인 학습 동기마저 사라진다.

독서는
교과 성적의
밑거름이다

• • • • • • • • • • •
독서와 학교 성적의 상관관계

대치동 학원가에 몸담은 지 12년이 되었지만 서로 격의 없이 지내거나 허심탄회하게 말이 통하는 사람은 손에 꼽을 수 있을 정도이다. 그들 중 이름만 대면 누구나 알 만한 교육평론가가 있다. 대학교 후배지만 나이 차이가 있어 학교 동문으로는 몇 다리 건너야 연결이 되는 사이였는데, 학원 일로 알게 되면서 뜻과 마음이 통하게 되었다.

이 친구에게는 초등학교에 아직 안 들어간 어린 자녀가 있는데, 이 아이들에 대한 애정이 아주 각별하다. 가끔 늦은 저녁에 전화를 걸어 만나자고 하면 아이들 동화책 읽어주고 재워야 한다며 거절하기 일쑤다.

Chapter 3 학교 성적도 영재성의 지표다

이 친구는 아버지로서 자상하기도 하지만 나름대로 정직하고 정확한 교육 원칙을 갖고 있다. 특히 그가 강조하는 것은 어린 시절 책 읽기의 중요성이다. 그 역시 대학교수였던 아버지의 영향으로 어릴 때부터 늘 책과 함께 생활했고, 그것이 밑거름이 되어 과학고와 서울대학교에 진학할 수 있었다는 것이다. 그래서인지 이 친구는 글을 아주 맛깔스럽게 잘 쓴다. 대학신문 기자 생활로 갈고닦은 솜씨이기도 하겠지만 어린 시절 독서의 영향이 가장 클 것이다.

이 친구의 말로는, 아이들을 위해 집의 거실이며 방마다 온갖 종류의 책을 바닥에 깔아둔다고 한다. 아이들이 언제나 책을 넘겨보고 책과 함께 자랄 수 있게 하기 위해서란다.

누구나 독서가 필요하다고 말한다. 하지만 초등학교에 진학해 성적표의 고득점이 교육의 목표가 되어버리고 나면, 과연 독서가 학교 성적에 얼마나 효과적일까 저울질하게 되는 것이 우리의 현실이다. 학년이 올라가고 입시가 다가올수록, '독서'는 비효율적인 학습 유형으로 밀려나게 된다. 대한민국 고등학생의 독서 부족 문제가 언론에 오르내린 것은 어제오늘의 일이 아니다.

책 읽기는 과연 소모적인 시간 투자에 불과할까? 지금 당장 좋은 성적을 얻어야 할 학생들에게 독서의 효과를 기대하기란 정말 어려운 것일까?

어린 시절의 독서는 상상력과 어휘력을 키워준다. 상상력은 창의적인 생각의 밑거름이다. 책 속의 세계로 빠져들어 작가와 상상을 공유하면서 무한한 우주와 인간의 의식 세계까지 샅샅이 탐험하고 다닌 경험이야말로 사고를 확장하고 창의적인 아이디어의 생산과 설계를 가능하게 해준다. 이런 경험의 축적이 교과 학습에 도움이 되지 않는다고 과연 말할 수 있을까?

모든 어휘는 그 단어가 묘사하는 개념을 단순화한다. 단어 하나에는 커다란 세계가 압축되어 있다고 해도 과언이 아니다. 어휘력이 발달했다는 것은 단어 몇 가지를 더 알게 되었다는 사실을 넘어, 더 넓은 세계에서 더 많은 사물과 추상적인 개념까지 인식한다는 것을 의미한다. 아이들이 인식하는 세계의 지평이 넓어진다는 뜻이다.

일상생활에서 쓰이는 제한적인 어휘를 넘어서는 독서 체험을 통해, 아이들은 단계적으로 인식의 질적인 성장을 경험하게 된다. 이렇게 확대되고 성장한 인식은 숨은 재능에 날개를 달아줄 뿐만 아니라 교과 학습의 성취도에도 영향을 미칠 수밖에 없다.

많은 이들이 입시를 앞둔 시점에서는 비교과 영역의 독서가 시간 낭비이고 입시의 부담만 키운다고 여긴다. 하지만 그것은 터무니없는 오해다. 내가 학원 교육 현장에서 보고 겪은 바로는, 다독을 즐기는 학생들 중에서 독서가 입시에 악영향을 주었다고 말하는 이는 전혀 만나보지 못했다. 오히려 논술이나 서술형 출제 방식으로 변화하고 있는 최근의 입시 지형에서 독서량이 많은 학생들은 훨씬 유리하다.

독서의 효과는 단기간 내에 쉽게 얻을 수 없는 것이다. 그렇기 때문에 어릴 때부터 탄탄히 독서의 힘을 길러온 학생들이 특목고나 대학 입시에서도 성공을 거두는 사례를 얼마든지 찾을 수 있다.

책 읽기의 힘으로 챔피언이 되다

서울시 교육청에서 실시하는 '서울시 수학·과학 경시대회'가 있다. 교과과정과 연계된 심화 문제들을 통해 수학, 과학 실력의 우수성을 겨루는 대회이다. 지금은 교육 정책의 변화로 과학고 입시와 직결되지는 않지만 7, 8년 전만 해도 이 대회에서 동상 이상으로 입상하는 학생은 서울시 내에 있는 과학고등학교에 특차로 입학할 수 있었다.

매년 6월 초에 각 중학교에서 3명의 대표가 선발되어 출전한다. 3명의 대표는 보통 4월경에 각 중학교별로 실시되는 학교 경시대회를 통해 선발된다. 출제 범위는 중등 교과과정으로 제한하고 있지만 난이도가 매우 높은 문제가 출제되기 때문에 준비하기가 쉽지 않다. 보통은 중학교 1학년 때 중등 수학·과학 학습부터 차근차근 선행을 시작해 심화 학습까지 1~2년의 준비 기간을 보낸 학생들이 우수한 성적을 낸다.

어느 가을에서 겨울로 넘어가는 2학기 말, 더벅머리 중학생 하나가 과학 경시대회를 준비하고 싶다며 학원을 찾아왔다. 지금까지 학원을 다녀본 적도 없고, 선행 학습을 해본 적도 없다고 했다. 학교 경시대회까지는 약 6개월, 서울시 경시대회까지는 8개월 정도가 남아 있는 상황이었다.

난감했지만 과학 교과과정 수준을 평가해보니, 학원 입학시험 성적이 매우 우수했다. 당시 학원에는 중학교 1학년 때부터 단계별로 차근차근 경시대회를 준비해온 반이 있고, 2학기가 되어 막차를 탄 학생들을 대상으로 심화 과정부터 막 시작한 반이 있었다. 나는 그 학생을 일단 2학기에 시작한 반에 편입시켰다.

강의실에서 이 더벅머리 학생이 내게 전해주는 느낌은 남달랐다. 중등 교과과정을 선행하지 않은 상태에서는 조금 무리일 수 있는 심화 수업인데도 마치 스펀지가 물을 빨아들이듯 즐겁게 받아들이는 것이었다. 이해도 아주 빠르고 실력도 거의 완벽했다.

아직은 익숙하지 않은 탓에 응용이 서투르고 실수도 조금 있었지만 실력의 상승 속도가 눈에 띌 정도였다. 가끔 수업 시간에 아직 정확히 이해하지 못한 과학 개념에 대해 아는 척을 해대서 친구들에게 질시의 대상이 되기도 했다. 하지만 어디서 그런 잡다한 이야기를 주워들었는지, 그리고 심화 수업 내용을 어떻게 그렇게 빨리 이해할 수 있는지 궁금했다.

그것은 바로 '책 읽기의 힘'이었다. 그 학생과의 상담에서 그 사실을 알게 되었다. 선행 학습을 한 적도 없고 학원에서 과학 수업을 따로 받은 적도 없지만, 과학에 워낙 관심이 많아 관련 서적을 엄청나게 읽은 것이 고스란히 그 학생의 재산으로 남은 것이다. 그래서 난생 처음 접하는 생소한 심화 내용도 자기 스스로 정확히 쌓아온 기본 개념을 토대로 어렵지 않게 소화할 수 있었다. 책에서 얻은 이런저런 정보와 지식의 조각을 과학 심화 수업을 통해 조립해 자기 지식 안에 완벽한 구조물로 쌓아올린 것이다.

'책 읽기의 힘'은 대단했다. 그 뒤로 이 학생은 1년 넘게 일찍 경시대회 준비를 시작한 친구들과 어깨를 나란히 했다. 그리고 '서울시 수학·과학 경시대회'에서 당당히 챔피언의 자리에 올랐다. 물론 이 학생에 뛰어난 영재성이 없었다면 스스로 읽고 습득한 정보를 체계적으로 구성하고 응용할 수 없었을 것이다. 하지만 뒤늦게 시작한 경시대회 준비에서 먼저 시작한 친구들보다 뛰어난 결과를 얻을 수 있었던 것은 무엇보다 독서의 힘이었다. 남들이 특목고, 대학 입시 등에 쫓겨 책 읽을 시간이 없다고 둘러댈 때, 많은 책과 더불어 행복한 시간을 보낸 것이 마침내 교과 성적과 입시에서도 성공적인 결과로 나타난 사례라고 할 수 있다.

아이들은 책과 친해져야 한다. 항상 곁에 책이 있고 책과 보내는 시간이 흥미롭고 행복해야 한다. 이런 작고 행복한 습관이 실질적인 학교교육에서도 훌륭한 성과로 이어지리라 믿는다.

책과 친해지는 방법

1. 아이의 눈높이에 맞는 책을 분야에 관계없이 많이 읽게 하라.
2. 아이가 어떤 분야에 관심이 있는지를 관찰하라.
3. 아이와 함께 자주 서점에 들러 스스로 책을 고르게 하라. 약속 장소를 서점으로 정하는 것도 좋은 방법이다.
4. 아이가 소화한 것보다는 좀더 높은 눈높이의 책을 단계별로 배치해서 도전의식을 갖게 하라.
5. 독서를 강요해서는 안 되며, 아이가 읽은 책을 꾸준히 함께 읽고 읽은 책에 대해 아이와 대화하도록 노력하라.
6. 읽은 책의 독서 감상문을 쓰게 하라. 두세 줄이라도 좋다. 나중에 상급 학교에 진학할 때 포트폴리오 자료로도 활용할 수 있다.
7. 아이의 교과 학습 내용을 살펴보고, 독서한 내용과 연관되는 점을 찾아 독서의 필요성을 아이 스스로 느끼게 하라.
8. 책을 읽을 때는 사전을 옆에 두게 하라.
9. 가장 좋은 역할 모델은 부모다. 책을 읽는 모습을 보여주어라.
10. 학년이 높아질수록 입시에 쫓겨 책 읽을 시간이 점점 없어진다. 이럴 때는 신문기사나 과학 잡지 등을 스크랩해서 아이의 책상에 놓아주자.

Chapter 4

자기주도형 영재로 성장하게 하라

한국 학생들은 정답이 있는 문제에 강하다

박사 과정, 별것 아니잖아!

미국 동부 해안 지역에는 미국 건국 초기부터 꾸준히 발달해온 도시들이 남북으로 길게 펼쳐져 있다. 특히 뉴욕과 워싱턴 사이에는 미국 독립선언의 유적지인 필라델피아가 있다. 그리고 이 도시에 미국 건국의 아버지, 벤저민 프랭클린이 설립한 펜실베이니아 대학이 자리 잡고 있다. 이 대학은 아이비리그 중 하나이며, 미국 대학 순위 10위 안에 항상 드는 명문이기도 하다.

펜실베이니아 대학에서 물리학 박사 과정을 밟는 동안, 나는 당시 교육 선진국인 미국 교육 시스템을 온몸으로 체험하면서 영재교육에 대해 많은 생각을 할 수 있었다.

전공마다 조금씩 다르기는 하겠지만 대부분의 박사 과정은 두 단계로 나뉜다. 입학한 뒤 연구 활동의 준비 단계로 대학원 과정의 교과 강의를 듣고, 학부 때와 마찬가지로 시험을 통해 평가를 받는다. 물리학 전공자는 크게 양자역학, 전자기학, 고전역학, 통계역학을 필수적으로 이수해야 하고, 입학 후 2년 내에 수강한 과목의 성적과 관계없이 이들 주요 과목의 논문자격시험을 통과해야 한다. 실제로 이 시험을 통과하지 못해 박사 과정에서 중도 하차하는 학생도 적지 않다.

논문자격시험을 통과한 다음에는 직접적인 연구 주제를 찾아 연구에 매진하고, 아직 해결되지 않은 주제에 대한 연구 논문을 발표해 승인을 받으면 학위를 받고 졸업하게 된다.

우리나라 대학 학부 때 물리학을 전공하지 않은 나로서는 유학 초기에 대학원에서 교과 과목을 배우는 것이 그리 만만치 않았다. 일단 수강하는 교과목에 최선을 다하는 것이 출발점이라고 생각했다. 다행히 첫 학기 학점을 받아보고는 다소 여유가 생겼다. 대부분 A학점을 기록했기 때문이다. 하지만 솔직히 명문 대학에서의 A학점이 그렇게 기쁘지만은 않았다. 왜냐하면 함께 수업을 듣던 한국 출신 유학생들 거의 모두가 최고 학점이었기 때문이다. 물론 이 교과목이 모두에게 A학점만 주는 수업은 아니었다.

함께 입학해 같은 강의를 듣던 40명가량의 학생 중에서 아시아권은 한국인이 넷, 중국인이 10명 남짓이고, 인도 학생이 하나 있었다. 나머지 학생은 모두 미국 태생의 백인이었다. 학생들끼리 수소문해서 성적을 확인해본 결과, 대부분의 A학점은 동양계인 중국과 한국 출신 학생들의 차지였다.

상대 평가제인 학점 부여 시스템으로 추정해보면, 미국에서 학부를 졸업하고 나름 물리 좀 한다고 자부하는 나머지 백인 학생들이 하나같이 낮은 학점을 독점(?)하고 있었던 것이다. '미국 대학의 박사 과정, 별것 아니잖아!' 하고 오해할 만한 상황이었다.

한국 출신 유학생들은 입학 후 1년 안에 논문자격시험을 신청하고 대부분 시험에 통과한다. 게다가 상위권 등수로 우수상까지 휩쓴다. 그렇다고 시험이 쉬운 것도 아니다. 사분의 일에 해당하는 학생들이 논문자격시험에서 탈락해 학교를 그만둘 정도로 만만치 않은 시험이다.

펜실베이니아 대학의 물리학과 건물 2층 사무실 옆에는 논문자격시험에서 일등 상을 받은 학생의 명단이 연도별로 게시되어 있다. 그중 반 정도가 중국계나 한국계 학생이다. 아마 미국의 다른 명문 대학들도 이와 비슷한 상황일 것이다.

A학점은 물론 논문자격시험에서 우수상을 휩쓰는 동양계, 한국 출신의 학생들! 내가 펜실베이니아 대학을 다니던 20년 전부터 지금까지, 아니, 그 이전부터 우리나라 유학생들은 자연과학계에서 이렇게 우수성을 단체로 입증해온 셈이다.

하지만 우리의 '우수성'은 여기까지다.

'보이지 않는 답'을 찾아라

"한국계 과학자 중에 노벨상을 받은 사람이 있는가?"
"세계적으로 이슈가 되는 업적을 내놓은 자연과학의 연구 성과에서 왜 한국계나 중국계의 공헌은 찾아보기 힘들까?"

"왜 역사적 위업을 이룬 사람이나 우리가 아는 대부분의 노벨상 수상자는 (아마도 교과 과정에서는 평균적으로 좋지 않은 성적을 거두었을) 미국이나 유럽 출신의 과학자들 뿐일까?"

논문자격시험을 통과한 뒤 연구 과정에 들어가서야 나는 비로소 이런 질문에 대한 답을 조금씩 찾을 수 있었다.

논문자격시험을 통과하면 연구 분야를 선택한 뒤 지도교수 연구실로 배정되어 연구를 시작한다. 여기서부터 막막한 학문적 모험이 시작된다. 이제까지는 이미 답이 존재하는 문제를 해결해가는 연습 과정이었다면, 논문 주제를 받아 연구하는 과정은 아직 그 누구도 가본 적 없고, 나 스스로 처음부터 찾아가야 하는 미지의 길이다. 여기서부터는 길을 찾는 방법마저 스스로 만들어가야 한다.

바로 이 지점에서 한국 유학생들 대다수가 하나같이 막다른 벽에 부딪히고 만다. 그들은 어딘가에 답이 존재하리라 믿고 그 답을 찾느라 수많은 시간을 낭비한다. 또는 주제를 던져준 지도교수가 그 답을 알고 있으리라 믿기도 한다. '그래, 교수님은 답을 알 거야. 지금 교수님은 나를 시험하고 있는 거야.' 이렇게 생각하며 교수가 알고 있는 답을 찾아내는 것을 자신의 과제라 여겨 소중한 시간을 날려버린다. 이것이 대부분의 동양계 학생들이 겪는 일이나.

반면 미국 학생들은 우리가 보기엔 어리석다 싶을 정도로 대책 없이 돌진한다. 도서관에 달려가 막무가내로 자료를 뒤져가며 이런저런 말도 안 되는 가설들을 세우고 고민한다. 그렇게 얼토당토않은 가설과 무모한 시도의 결과물을 가지고 지도교수 앞에서 온갖 궤변을 늘어놓기도 한다. 하지만 동양계 학생들은 정답으로 가기 위한 효율적인 방안이 아니다 싶은 것은 시도조차 하지 않는다.

미국 학생들은 자유롭게 상상하고 문제에 다양하게 접근하며 그 결과를 가지고 교수와 온종일 토론한다. 교수들도 학생들에게 내준 연구 과제의 답을 모르기는 마찬가지다. 단지 해결되지 않는 문제의 핵심을 알고 있을 뿐이다. 그러나 그 궤변 같은 가설과 무의미해 보이는 토론 속에서 미국 학생들은 서서히 문제의 성격을 파악하고 조금씩 조금씩 본질에 접근해간다. 그들은 정답이 아니라 문제 파악에 주력한다. 당장 정답을 찾아내는 것에만 급급한 우리와는 출발부터가 다르다.

그렇게 5~6년 동안의 박사 과정을 마치고 우여곡절 끝에 논문을 완성한 뒤, 졸업식장에서 우수 논문으로 상을 받는 학생들은 더이상 동양계가 아니었다. 교과 강의 때나 논문자격시험 때 우리가 약간은 우습게 여겼던 미국 학생들이 정작 연구 결과물에선 보다 창의적이고 새로운 성과를 내놓는 것이다.

초등학교 때부터 스스로 자료를 찾고, 자료에서 얻은 객관적인 사실을 토대로 창의적으로 사고하고, 문제에 접근해가는 프로젝트 수업, 자발적 과제에 익숙한 교육 풍토 자체가 이러한 차이를 만들어낸 것이다. 정답에서 조금만 벗어나도 인정하지 않고, 다양하고 풍부한 서술보다는 딱 떨어지는 단 한 가지 답만을 찾게 하는 성적 만능의 규격화되고 관료화된 교육으로는 결코 따라잡을 수 없는 차이다.

꼭 자연과학이 아니어도 좋다. 노벨상이 아니어도 좋다. 다만 우리 아이들이 더이상 '답을 찾는 기계'가 아니라, 창의적인 사고와 넘치는 상상력을 맘껏 펼칠 수 있다면 얼마나 좋을까?

그러려면 정답을 알려주기보다는, 문제의 본질을 스스로 파악하고 다양한 방법으로 핵심에 접근하게 하는 교육 환경을 만들어야 한다. 문제를 정확히 알아야 답을 찾는 길도 열어갈 수 있다. 문제의 핵심을 이해하는 것이 우선이며, 그러기 위해선 스스로 자신감과 자긍심을 가지고 자기주도적으로 다양하게 시도할 수 있어야 한다.

지금 우리의 교육 시스템과 학부모의 마인드를 돌아보자. 지금의 교육 환경에서 과연 우리 아이들이 자신의 영재성을 주도적이고 창의적으로 꽃피울 수 있을까? 정답이 하나일 수밖에 없는 획일적인 시스템을 강요하는 시대착오적인 발상을 고수하는 한, 아이들 내면의 빛나는 영재성은 영영 깨울 수 없을지도 모른다.

발상은
바꾸고
상식은 깨라

작은 의문이 세상을 바꾼다

인류 과학사에 족적을 남긴 위대한 과학자들 중에서 가장 존경하는 인물을 꼽으라고 하면, 나는 주저 않고 코페르니쿠스와 아인슈타인을 말한다. 뛰어난 과학자들의 업적, 그 어느 것 하나 위대하지 않은 것이 없다. 하지만 영재교육을 책임지고 있는 나로서는 진정한 창의적 영재인 코페르니쿠스와 아인슈타인에게, 그들의 기막힌 사고와 발상의 전환에 늘 감탄한다.

코페르니쿠스는 지구가 우주의 중심이라고 철석같이 믿던 시대에 '감히' 지동설을 주장했다. 기존의 권위와 상식을 뛰어넘는 혁명적인 발상이었다. 이것은 인류 지성사에 밑거름이 되고, 후대 과학자들에게 방향을 제시하는 초석이 되었다. 그리고 마침내 뉴턴에 이르러 고전역학이 완성되었을 뿐만 아니라, 오늘날 우리는 세계를 좀더 이성적으로 해석할 수 있게 되었다.

신이 창조한 세계는 지구가 중심이고 우주는 지구를 중심으로 조화롭게 운동하고 있다는 것이 당시의 상식이었다. 그것은 결코 넘어설 수 없는 권위였다. '지구가 우주의 중심이다'라는 명제는 아무도 거부할 수 없는 정답이요 진리였다. 누가 보아도 그랬고, 그렇지 않다고 생각할 이유가 도무지 없었다.

무거운 물체들은 우주의 중심인 지구를 향해 떨어지는 게 틀림없었고, 태양과 달뿐만 아니라 모든 천체가 지구가 중심인 천구 위에서 규칙적으로 지구 주위를 돌았다. 이미 존재하는 정답만 신봉하고 찾으려고 했다면 다른 길은 생각조차 할 수 없고, 그럴 필요도 없는 상황이었다.

그런 절대적인 상식과 권위에, 코페르니쿠스가 의심의 칼날을 들이댄 것이다. 코페르니쿠스는 이렇게 말했다.

왜 태양이 돌고 있는 운동을 지구가 돌고 있다고 규정하려 하는가? 배가 잔잔한 물 위를 항해할 때를 상상해보자. 배에 타고 있는 선원에게는 배 위에 있는 모든 것이 고정되어 보이고, 배 바깥의 모든 것은 뒤로 가는 것처럼 보인다. 똑같은 일이 움직이는 지구에서도 일어나고 있는 것이다. 따라서 지구가 아니라 우주 전체가 돌고 있다는 잘못된 결론을 얻기 쉽다. 그렇다면 정시하거나 앞으로 혹은 뒤로 약간씩 움직일 뿐인 공기 중의 구름과 그 밖의 것들의 운동에 대해서는 어떻게 설명할 수 있는가? 땅과 연결된 호수, 바다뿐만 아니라 지구와 연결된 공기의 일정 부분까지 지구와 함께 움직인다고 한다면 모든 설명이 분명해진다. 이러한 이유로 지표에 근접한 공기와 공기 속을 떠다니는 모든 것이 바람이나 외부에서 주어지는 다른 힘에 의해 일정한 방향으로 추진되지 않는다면, 우리에겐 잔잔해 보이는 것이다.

—코페르니쿠스, 『천구의 회전에 대하여』 중에서

어찌 보면 코페르니쿠스의 혁명적 발상이라는 것은 아주 간단하고 단순한 '사고 뒤집기'다. 그는 단지 아주 작은 의문을 제기했을 뿐이다. 천체의 운동을 비롯한 모든 운동을 지구 입장에서, 지구를 중심으로만 봐야 하는 것일까? 지구가 중심이 아닐 수도 있지 않을까? 무한한 우주에서는 어디든 운동의 중심점이 될 수 있는 것 아닐까?

코페르니쿠스의 질문은 엄청난 상상력을 필요로 하지도 않는다. 거꾸로 말하면, 감히 할 수 없는, 너무 당연한 사실에 대한 회의이기 때문에 지극히 불필요하고 소모적인 의문이기도 했다. 그러나 상식과 불변의 진리에 대한 맹신을 살짝 뒤집은 코페르니쿠스의 발상은 스스로에게 던지는 격렬하고 창의적인 질문과 탐구 속에서만 이루어질 수 있었을 것이다. 상식을 뒤집는 이러한 사소한 창의적 발상과 의문에 의해, 인류사의 획을 긋는 근대과학의 위대한 혁명과 지각변동이 시작된 것이다.

'상식의 틈새'에 길이 있다

이번에는 20세기 현대 물리학의 새 장을 연 아인슈타인의 이야기를 해보려고 한다. '빛'에 관심이 많았던 청년 아인슈타인은 "빛은 입자다"라는 상식 밖의 이론을 내놓았다. 아인슈타인에게 노벨상을 안겨준 '광전 효과'에 관한 1905년 논문이 바로 그것이다.

자유로운 사고의 소유자였던 아인슈타인은 군국주의적인 교육에 적응하지 못해 순탄치 못한 청소년기를 보냈다. 게다가 유대인으로서 기존 권위와 질서, 그리고 보편적인 상식을 쉽게 받아들이지 못하는 청년 아인슈타인에게 당시의 독일 사회는 더없이 완고했을 것이다.

그는 신경쇠약으로 학교를 그만두고 독학으로 공부하다 스위스 취리히 공과대학에 낙방했지만 교수의 배려로 겨우 대학에 진학했다. 졸업 후에도 마땅한 일자리를 찾지 못하다가 가까스로 스위스 특허청의 말단 심사관으로 일했다.

그러던 1905년, 그는 논문 세 편을 연달아 발표한다. 20세기 물리학의 역사를 다시 쓰게 될 획기적인 논문이었다. 이 중 하나가 아인슈타인에게 노벨상 수상의 영예를 안겨준 바로 '광전 효과'에 관한 논문이다.

19세기 이후의 여러 연구 성과를 통해 빛은 파동이라는 사실이 정설처럼 받아들여지고 있었다. 소리는 공기의 진동이 전달되는 것이고, 빛은 우주를 채우고 있는 에테르라는 가상 물질의 진동이 전달되는 것이라는 이론이 당시 과학계의 상식이었다. 실제로 소리가 파동으로 보여주는 모든 성질이 빛에서도 확인되었다. 빛을 전파하는 에테르라는 물질은 질량도 없고, 냄새도,

전기적 성질도 띠지 않는다고 과학자들은 믿고 있었다.

이런 상식과 권위에 의심을 품은 청년 아인슈타인은 용감하게도 에테르라는 물질은 발견되지 않은 것이 아니라 아예 존재하지 않는다고 주장한다. 그리고 빛은 에테르의 진동으로 이루어진 파동이 아니라, 빛 그 자체가 입자(알갱이)라고 하는, 당시로서는 받아들이기 힘든 황당한 이론을 제기했다. 모두가 당연시하는 상식적인 명제를 파괴하고, 새로운 인식 세계를 구축하는 창의적인 사고와 이론으로 20세기 현대 물리학을 탄생시킨 것이다.

코페르니쿠스나 아인슈타인의 이야기를 그저 먼 나라 이야기로만 받아들여야 할까? 세계 15위의 경제 대국, 국민소득 3만 불을 눈앞에 둔 21세기 대한민국의 현실에서 코페르니쿠스와 아인슈타인의 이야기를 과연 우리와 전혀 관계가 없는 역사적인 사실로만 이해해야 할까? 이제는 대한민국의 코페르니쿠스, 아인슈타인을 기대해야 하지 않을까?

코페르니쿠스의 발상 전환은 모두가 '그렇다'라고 말하는 것에 '그렇지 않을 수도 있지 않을까?'라는 의심을 던지면서 시작되었다. 모두가 "이것이 정답"이라고 말할 때 변하지 않는 정답, 보편적인 정답의 존재를 부정하고 자신의 답을 구하기 위해 끊임없이 새롭게 사고하고 노력을 기울였기에 아인슈타인은 과학적 위업을 이룰 수 있었다.

상식에 대한 도전이 때로는 뜻하지 않은 난관을 불러온다는 사실을 알면서도 스스로에 대한 믿음과 긍지를 가지고 자유롭게 사고할 수 있었기에 역사를 바꿀 수 있었던 것이다. 우리가 위인이라고 말하는 그들의 본질은 바로 이것이다.

그렇다면 21세기 대한민국의 수많은 젊은 영재들도 발상을 바꾸고 상식을 깨는 창의적이고 자유로운 사고를 할 수 있을까? 그렇다고 자신 있게 말할 수 있을까? 이것은 재능 있는 아이들의 앞길 헤쳐나가기의 문제가 아니다. 인류사를 이끌어나갈 미래의 리더들을 어떻게 키워낼 것인가의 문제다. 멀지 않은 미래에, 무궁무진한 가능성을 가진 우리 아이들이 대한민국의 코페르니쿠스와 아인슈타인으로 거듭나려면, 지금 우리 아이들에겐 어떤 교육이 필요한 것일까?

21세기는 이런 인재를 원한다

잡스처럼 생각하라

21세기는 정보산업 시대, 제3의 물결, 또는 지식산업 시대라 불린다. 현대사회에는 새로운 지식이 기하급수적으로 폭발하듯 늘어나 감당할 수 없을 지경이다. 그리고 누구든 원하기만 하면 인터넷 같은 디지털 네트워크를 통해 원하는 정보를 짧은 시간 안에 얻을 수 있게 되었다.

손쉽고 빠르게 접할 수 있는 각종 정보의 홍수 속에서 이제는 개인의 목적에 맞는 정보를 선별, 수집, 분석, 비평하고 스스로 의사결정할 수 있는 능력, 나아가 지식을 새롭게 창출하고 남과 다른 관점에서 활용하는 능력이 미래 사회의 핵심 능력이 되었다.

정보를 먼저 찾아내 독점하고 기억하는 능력은 이제 별로 중요하지 않다. 필요한 정보는 주변에 일상적으로 존재한다. 이것이 정보화 사회의 본질이다. 오늘날에는 정보들을 논리적으로 배열하고 분석하고, 이렇게 엮인 정보에 창의적 상상을 보태어 새로운 생산물을 만들어내는 능력이 요구된다. 이러한 유형의 능력과 가장 밀접한 것이 바로 창의력이다.

창의력은 1950년 제임스 길포드James Guilford가 미국 심리학회에서 연설하면서부터 본격적으로 연구되었다. 창의력이란 창의성, 창조성, 창조력 등과 같은 의미로 쓰이고, 총체적으로는 'Creativity'라고 명명하며, 간혹 고등정신능력, 문제해결력, 창의적 사고력으로 표현하기도 한다. 창의력에 대한 정의는 학자마다 조금씩 다르지만 일반적으로 '새롭고 유용한 아이디어, 산출물, 또는 해결책을 만들어내는 능력'으로 정의된다. 여기서 주목해야 할 것은 '새로움'과 '유용함'이다.

창의력은 이미 우리나라 교육과정에서도 중요하게 강조하는 능력이다. 예를 들어 유치원 교육의 목표를 "21세기 세계화, 정보화 시대를 주도할 자율적이고 창의적인 한국인 육성"으로 명시하고 있고, 어떤 이는 21세기를 '창의화(創意化) 시대'라고까지 주장하는 등, 창의성은 21세기의 생존 전략에 꼭 필요한 요소다.

몇 년 전에 등장한 '아이팟'을 시작으로, 최근에는 스마트폰의 기준이라는 '아이폰'이 국내에 첫 선을 보였다. 아이폰의 인기는 가히 폭발적이었다 그리고 많은 사람들이 아이폰을 쓰면서부터 '트위터' 같은 새로운 방식의 소셜 네트워크가 주요한 소통 수단으로 자리 잡게 되었다. 이 말인즉, 아이폰이 새로운 사회 소통 수단이 되었다는 의미이다.

아이폰은 휴대폰이 아니라, 호주머니에 넣을 수 있는 하나의 작은 세상이나 다름없다. 사람들마다 이제 기발한 아이디어로 독창적인 어플리케이션들을 작은 아이폰에 담아 전 세계와 소통하게 되었으니 말이다.

아이폰은 우리를 포함한 전 세계인의 생활을 혁신적으로 바꾸어가고 있다. 이 변화를 주도한 주인공은 바로 애플 사의 스티브 잡스Steve Jobs다. 아이폰은 그의 창의적 상상력과 미래를 내다보는 통찰력의 산물이며, 이제는 '잡스 효과'라는 말이 나올 정도로 세계인들의 인식과 라이프 스타일을 바꾸어놓은 혁명가로 자리매김했다.

서점에만 가봐도 그의 인기를 실감할 수 있다. 그의 창의력과 상상력을 예찬하고, 그를 탐구한 책들이 홍수처럼 쏟아져 나오고 있다. 세상을 떠난 위인들만 다루는 책인 줄 알았던 위인전에도 등장하기 시작했다. 전 세계가 지금 스티브 잡스에게 열광하고 있다. 그의 상상력과 창의력이 세상을 움직인 것만이 아니라 빠르게 변화시키고 있는 것이다.

사실 스티브 잡스의 혁명은 오래전에 시작되었다. 1970년대에 청년 스티브 잡스는 이미 개인 컴퓨터를 상상하고 있었다. 지금이야 PC 없이는 살 수 없는 세상이 되었지만, 그 당시의 컴퓨터란 복잡한 대용량 계산기에 불과했다. 우주선의 발사를 돕거나 기업의 회계 업무를 빠른 시간에 처리하는 계산기 말이다.

휴대용 계산기가 보편화된 당시의 미국 사회에서 큰 기업이나 연구소에서만 쓰는 커다란 가구만 한 대용량 계산기를 가지고 개인이 무엇을 할 수 있었을까? 그런데 스티브 잡스의 생각은 달랐다. 컴퓨터의 빠른 계산으로 표를 만들고 게임을 만들 수 있다고 생각했다. 그리고 이런 응용 프로그램을 통해 인간의 생활이 더 윤택해질 거라고 믿었다. '아무도 하지 못하는 상상'을 한 것이다.

20대 때 스티브 잡스는 8비트짜리 애플 컴퓨터를 세상에 처음 내놓음으로써, 지금 우리가 생활필수품처럼 쓰고 있는 개인용 컴퓨터의 새로운 세계를 열어젖혔다. 그 효과는 예상 밖이었고, 열풍은 가히 혁명에 가까웠다.

그리고 그 상상력과 창의적인 창출은 지금도 '현재진행형'이다.

"Crazy Time, Crazy People"

현대사회는 스티브 잡스와 같은 한 명의 인재가 세계 경제를 주름잡고 세계 질서를 재편할 수 있는 두뇌 기반 사회다. 스마트폰의 열풍은 인간의 놀라운 창의성과 이를 시각적으로 구현한 논리적 기술력이라는 수레의 두 바퀴가 있었기에 가능했다.

중요한 것은 이러한 사회문화의 혁신적 변화가 창의적 상상력을 십분 발휘할 수 있는 영재들로부터 시작된다는 점이다.

시대가 바뀌면 그 시대가 요구하는 인재상도 달라진다. 과거의 산업화 사회에서는 학교에서 가르치는 지식을 스펀지처럼 그대로 흡수하고 충실히 행동에 옮기는 모범생을 요구했다. 성실성과 책임감, 협동심으로 새로운 변화에 대응하는 수동형 인재들이 성공 모델로 인정받은 것이다.

하지만 현대 사회가 요구하는 인재는 다르다. 지금은 디지털 정보화 시대다. 상황 변화에 주도적으로 대응할 수 있고 스스로 경쟁력을 계속 창출해내는 능력이 필요한 시대다. 이제는 번뜩이는 아이디어와 유연한 사고력을 갖춘 창조적 인재, 소신과 철학이 있고 맡은 분야의 전문성뿐만 아니라 인접 분야에 대한 해박한 지식과 일정 수준의 기술까지 확보한 인재, 글로벌 역량과 인간미, 풍부한 감성과 도덕성을 갖춘 인재를 요구한다. 이러한 인재상은 사회가 점점 더 진보할수록 더욱더 강조될 것이다.

미국의 경영학자 톰 피터스Tom Peters는 "Crazy Time, Crazy People"이라는 말로 창조적 기질과 톡톡 튀는 아이디어를 가진 사람만이 이 시대를 주도할 것이라고 예견한 바 있다. 이제 '1 + 1 = 2'라는 절대 명제만이 통하는 시대는 지났다. 상황에 따라 100이 될 수도 있고, 0이 될 수도 있는 것이다.

과거의 낡은 지식과 매뉴얼, 규칙에 얽매인 사람은 사회의 변화 속도를 감당하지 못해 스스로 도태될 것이다. 급변하는 사회에 적응하기 위해서는 빠른 판단력과 상황 대처 능력, 풍부한 상상력과 융통성이 필요하다. 그리고 이 모든 것의 바탕은 유연한 사고와 창의력이다.

스티브 잡스는 높은 대학 학점으로 능력을 인정받아 8비트 애플 컴퓨터와 아이폰을 세상에 내놓은 것이 아니다. 그는 학업을 제대로 마치지도 못했다. 그가 위대한 첫 발을 뗀 곳은 번듯한 강의실이나 사무실이 아니라, 자신의 상상력을 인정해주는 작은 차고였다.

우리 미래가 절실히 요구하는 영재는 학업 성적 뛰어나고 정답 잘 찾는 우등생이 아니다. 시키는 공부만 잘하는 학생들이 움직일 세상이라면, 점수 높은 학생들이 대접받는 지금의 주입식 교육을 비판할 이유가 전혀 없다.

하지만 이제는 보다 크고 위대한 상상력과 창의력을 발현할 수 있는 아이들을 존중하는 세상으로 변해가고 있다. 우리에게는 스티브 잡스와 같은 인재, 상상력과 창의력, 논리력과 통찰력, 지적인 호기심과 과제집착력, 그리고 인간 중심의 리더십을 통해 다른 사람들과 함께 더불어 나아갈 수 있는 영재가 절실히 필요하다.

Chapter 4 자기주도형 영재로 성장하게 하라

'자유로운 상상'이 창의적 영재를 낳는다

자유롭게 조합하라

앞서 말했듯이 현대 교육의 화두는 창의력이다. 영재교육에서 입시, 기업의 직원 교육에 이르기까지 창의력은 온갖 교육 현장에서 중요하게 다루는 주제다. 교육 현장뿐만이 아니라 모든 학문 분야에 걸쳐, 창의적이고 자유로운 사고는 필수적인 요소가 되고 있다.

어떤 학문이든 연구자들은 수많은 가설과 이론을 검증하기 위해 언제나 새로운 실험을 한다. 그것이 현대 연구자들의 과제이다. 그리고 연구자의 창의성이 이런 과제의 성패를 좌우한다. 대부분의 심리학 연구자들은 대인관계와 의사소통 과정에서의 심리 상태를 연구할 때 대화 현장을 중시한다. 하지만 어떤 연구자들은 좀더 잘 조작되고 정확하게 통제된 실험을 위해 채팅 프로그램을 개발하기도 한다. 이론은 똑같더라도 그것을 제대로 확인할 수 있는 실험을 어떻게 설계하느냐에 따라 연구 능력이 달라지는 것이다.

창의력을 이해하는 방법의 한 가지로, 새롭다고 평가받는 제품이나 아이디어가 만들어진 과정을 살펴보는 방법이 있다. '새로움'이란 누군가가 '무無'에서 만들어낸 '유有'이기도 하지만, 때로는 주변에서 볼 수 있는 흔한 것들을 조합하는 과정에서 나타나기도 한다.

'인텔'은 새로운 시장을 개척하기 위한 전문가로 문화인류학자를 고용하고 있다. 인류학자의 권고로, 인텔은 CPU의 속도를 높이기만 하던 기존의 사업 방식에서 벗어나 저전력 CPU를 개발했고, 현재 노트북, 핸드폰, 태블릿 PC 등의 모바일 기기 시장에서 선전하고 있다.

인류학자들은 사람들의 일상 행동과 일들을 면밀히 관찰해 소비자에게 무엇이 필요한지 판단하고, 회사는 그들의 조언에 따라 새로운 제품을 만들어낸다. 예컨대 매번 '대박' 제품을 만들어내는 창의적인 기업 뒤에는 바로 이런 사람들의 기여가 있었다. 그들은 진부하고 고리타분한 일상에서도 얼마든지 새로운 의미와 가능성을 찾는 능력을 갖추고 있다.

한편 '포스코'는 '포레카'라는 휴식 공간을 직원들에게 제공한다. 포레카에서 직원들은 클래식 연주 동호회, 서예 동호회, 사진 동호회, 미술 동호회 등의 다양한 취미 활동을 하고, 휴식과 명상, 게임, 낮잠까지 자유롭게 즐긴다. 이 자유로운 휴식 공간이 가져다주는 이익은 수치로 환산할 수 없다. 이 공간에서 직원들은 활기찬 대화를 통해 서로의 경험을 공유하면서 다양한 영역에도 관심을 갖게 된다. 그리고 이것은 곧 창의적인 아이디어와 새로운 기술 개발로 이어진다.

포스코뿐만이 아니다. 국내외 많은 기업의 회의실과 사무실, 휴게실이 이전의 딱딱한 분위기에서 벗어나 편안하고 자유로운 공간으로 바뀌어가고 있다. 직원들끼리의 자유로운 대화와 경험의 공유에서 창의적 아이디어가 나온다는 것을 기업들이 인식하기 시작한 것이다.

창의적 아이디어의 핵심은 '조합'에 있다. 다양한 경험과 아이디어를 새로운 방식으로 조합하는 과정에서 전에 없던 새로운 개념이 생겨난다.

레고 놀이를 할 때도 다양한 블록이 있어야 정교한 건물을 완성할 수 있다. 새로운 아이디어라는 것도 마찬가지다. 놀랍고 창의적인 아이디어를 조합해내기 위해서는 보다 다양한 배경 지식과 경험이 있어야 한다.

예를 들어 걸레로 바닥을 닦는 것과 걸레를 삶는 것은 별개의 행동이지만, 이 두 가지 행동이 합해져 바닥을 삶는 것과 비슷한 효과를 내는 '스팀청소기'가 탄생하지 않았는가. 이렇게 간단한 조합만으로도 창의적인 발명품이 탄생할 수 있다. 그러나 이를 위해서는 너무 당연한 것을 전혀 당연하지 않게, 새롭게 바라볼 수 있어야 한다. 엉뚱하면서도 자유로운 상상이 필요하다는 말이다.

'새로움'은 '말도 안 되는 생각'에서 나온다

덴마크의 물리학자 보어는 더이상 쪼개지지 않는 원자의 속을 들여다보기 위해 수소 원자 모형을 상상했다. 하지만 당시의 어떤 이론에서도 근거를 찾을 수 없었다. 그래서 보어는 그럴듯한 가정의 결과를 토대로 가정을 성립시킬 수 있는 이론과 근거를 만들어내기 시작했다. 그리고 빛에만 적용되던 이론들을 전자에 '엉뚱하게' 적용시켜 이론의 근거로 삼았다. 자유로운 사고와 엉뚱한 가정에서 탄생한 이 이론은 곧 양자역학이라는 이름으로 현대 과학의 중요한 부분을 차지하게 되었다.

이 외에도 하이젠베르크의 불확정성원리, 갈릴레이의 지동설, 베게너의 대륙이동설 등 과학사의 위대한 발견은 '너무 엉뚱하다'는 이유로, '말도 안 되는 생각'이라는 이유로 세찬 비난과 멸시를 받았다. 하지만 지금은 누구나 인정하는 중요한 이론들이다.

'새로움'은 '말도 안 되는 생각'에서 나온다. 우리 아이들도 자유롭게 '말도 안 되는 생각'을 펼칠 수 있어야 한다. 단, 생각은 엉뚱하고 자유롭되, 그것을 탐구하고 지식으로 완성하는 방법은 철저히 논리적이어야 한다.

우리 아이들이 새로운 시대의 창의적인 인재로 성장하기 위해서는 무엇이 필요할까?

첫째는 풍부한 상상이다. 새로운 상상은 경험과 습관에서 온다. 의심 없이 받아들이는 공부를 하다 보면 의심 없이 받아들이는 사고 습관에 길들여진다. 상식은 의심의 여지가 없는 것이 되고, 이 세상은 당연한 것들로 가득 차게 된다. 이러한 사고를 가진 사람에게서 상상력과 창의력을 기대하기는 어렵다. 익숙한 것을 의심하고, 다른 경우를 상상해보는 자유로운 사고가 필요하다.

둘째는 다양한 경험이다. 다양한 경험을 가진 사람은 창의적인 조합에 필요한 카드가 많아지는 셈이다. 화학에 요리를 접목해 새로운 화학 교육 프로그램을 개발한 사람에게는 당연히 요리 경험이 있을 것이다. 음악을 이용한 심리 치료법을 개발한 사람 역시 음악을 충분히 느끼고 경험했을 것이다. 경험과 학문적 지식을 결합하는 것만으로도 새로운 학문 분야가 생겨나고, 새로운 시장이 형성되고, 새로운 사업 아이템이 만들어진다.

'물이 끓는 현상'을 배우는 물리 수업에서, 배운 내용을 공책에 베끼듯 외우는 학생이 있는가 하면, 원리와 이유를 묻고 또 묻는 학생도 있다. '압력'이라는 개념을 배울 때, 바위와 사람, 바다와 우주 등 대상을 마음대로 바꿔가며 끝없이 공상에 빠져드는 학생도 있다.

이 세 학생 중 누가 더 창의적일까?

시험 성적은 첫번째 학생이 더 우수할 가능성이 크다. 하지만 끊임없이 '왜'와 '어떻게'를 묻는 두번째 학생, 그리고 꼬리를 무는 상상을 통해 배운 내용을 온갖 대상에 대입시켜보는 세번째 학생의 사고 습관이야말로 제대로만 이끌어준다면 발전 가능성이 무궁무진하다.

역사를 바꾸거나 이끌 수 있는 위대한 영재의 탄생을 기대한다면, 지금 우리 아이들에게 필요한 것은 주어진 답에 만족하지 않고 무한한 상상력을 발휘할 수 있는 자유로운 사고다.

자연스럽게 몸에 밴 자유로운 사고는 열린 눈과 종합적인 통찰력으로 발전한다. 자유롭게 사고하는 이들은 이분법을 모른다. 옳고 그름에 대해 획일적으로 선을 긋지 않는다.

이제는 외부의 강요에 뜻을 굽히지 않고 잘못된 결과에 두려움을 갖지 않는 영재, 묻고 상상하는 과정이 즐거워 상상의 세계를 마음껏 넓혀가는 행복한 영재가 필요하다.

어떤 영재로 키울 것인가

퍼듀 3단계 모형

미국 퍼듀 대학Purdue University의 교육심리학자 펠드후센J. Feldhusen은 영재의 목표 성취를 위해 잘 정리되고 구조화된 초중고 수준의 모형을 고안하고자 콜오프Kolloff와 함께 본질적인 심화 모형을 개발했다. 이것이 '퍼듀 3단계 모형'이다. 영재교육 방법으로는 미국 등지에서 가장 일반적으로 받아들여지는 모델이기도 하다.

'퍼듀 3단계 모형'이란 영재의 재능, 적성, 관심과 긴밀하게 연결되면서 동시에 관련 분야에 도전적으로 학습할 수 있는 기회를 제공하는 데 중점을 둔 모형이다. 이 모형에 따르면 영재교육의 학습은 다음의 세 단계로 구분된다.

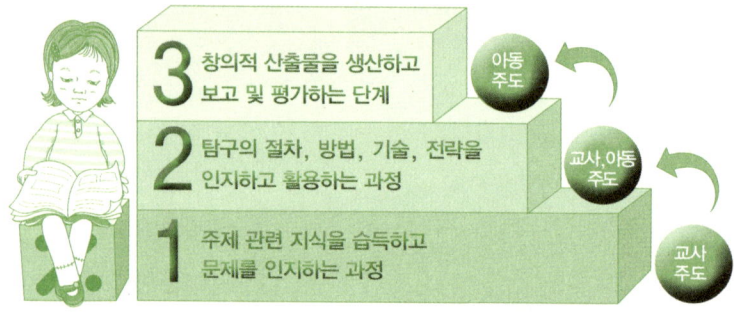

1단계 : 주제와 관련된 지식을 습득하고 문제를 인지해가는 단계로서, 사고 기술과 기본 교과 내용에 초점을 둔 교육과정이 내용의 주축을 이루며, 교사가 교육과정을 주도하는 단계다.

2단계 : 탐구의 절차와 방법, 기술, 전략을 인지하고 활용하게 하는 단계로서, 포괄적이고 사실적인 전략을 가르친다. 여기에는 독서 방법library skill, 창의적 문제 해결, 미래 연구와 탐구 기술이 포함되며, 아이들이 개인적으로 흥미를 가진 영역 내에서 과제를 지향하는 활동을 하게 한다.

3단계 : 창의적 산출물을 낸 뒤에 보고 및 평가를 수행하는 단계로서, 아이들은 탐구 과제와 보다 발전된 과제를 수행하고 그러한 노력을 발표하고 수행하는 실제적인 창의적 산출 활동을 스스로 주도하게 된다.

'퍼듀 3단계 모형' 이론에서 교육을 통해 이루고자 하는 바는 요컨대 주도적으로 창의적 생산물을 만들고 평가할 수 있는 영재의 육성이다. 중 · 고교 시절의 영재들을 가르쳐온 나의 경험에 비추어볼 때, 이 모델은 청소년기 영재들의 학습에도 적용할 수 있다. 영재교육 이론 전문가는 아니지만 우리가 실시하고 있는 학습 방식이 바로 이 모델을 따르고 있다.

새로운 지식 영역에 들어서는 과정에서는 우선 교사의 도움을 받아 인지하고 이해하는 과정이 필요하다. 그 뒤 이를 응용하면서 실제 문제에 적용해 보고 문제 해결을 위해 학생이 교사와 함께 실제 현상 속에서 개념을 이해하는 등 과학적 사고를 확장하는 과정을 거친다. 새롭게 주어진 문제들에 자신만의 방법으로 접근하고 해결해가는 능력을 배양하도록 교육 프로그램이 구성되어 있다.

두번째 단계에서는 학생이 응용을 시도할 때 교사는 적절한 도움만 주어야 한다. 모든 것을 교사가 주도하고 일방적으로 전달, 주입하는 방식은 금물이다. 영재들의 학습 의욕을 떨어뜨릴 뿐만 아니라 미리 정해진 답을 알고 있는 교사나 선배에게 의존하는 잘못된 습관이 형성될 수 있기 때문이다. 그러한 습관은 결국 스스로 문제를 창의적으로 해결해나가고자 하는 데 치명적인 약점으로 작용할 수 있다.

스스로 결정하는 '자기만의 꿈'

이러한 금기 사항은 부모들에게도 동일하게 적용된다. 모든 일정과 교육 프로그램을 엄마가 선택하고 설계하다 보면 아이들은 스스로 학습하고 탐구할 능력을 잃기 쉽다. 그리고 이렇게 주도성을 상실한 채 학년이 올라갈수록 학습 과정에서 부정적인 결과를 드러내는 경우를 종종 보았다.

저학년에서 특목고를 지원하고 준비할 때는 부모의 지도와 설계가 절대적이다. 이런 경우 아이보다는 어른의 판단이 더 현명하다고 여겨, 부모 나름대로 효과적인 프로그램을 선택해 지역을 옮겨 다닌다. 하지만 아이는 자신의 일임에도 불구하고 모든 결정에서 소외되어 있다. 이렇게 결정권을 상실한 아이는 자신의 인생을 선택하고 설계할 힘마저 잃게 된다. 그리고 자신을 소외시킨 부모의 일방적인 태도에 불만을 품게 된다. 그런 학생들의 모습을 실제로도 많이 보아왔다.

저학년 때에는 이런 일방적인 방식이 통하는 것처럼 보이기도 하고, 경시대회 입상이나 과학고 입학 등의 성과로 나타나기도 하지만, 학년이 올라갈수록 점점 설득력을 잃게 된다. 특히 과학고와 같이 기숙사 생활을 하는 경우에는 부모의 감시와 관리에서 멀어지다 보니, 학습에 소홀해져 밤새 컴퓨터 게임을 하고 늦잠 자다가 지각을 하는 등 생활 전체의 질서를 무너뜨리는 지경에까지 이르기도 한다.

성적은 곤두박질치고 과학고를 졸업했음에도 대학 진학을 걱정해야 하는 상황이 벌어지는 것이다. 실제로 내가 아는 영재교육기관 출신의 영재들 중에, 대학을 선택할 때 부모를 떠나는 것을 목적으로 지방대 진학을 고집했던 아이들도 있다.

부모의 현명한 결정과 관리로 아이가 고등학교를 졸업할 때까지 무사히 좋은 성적을 얻고, 부모가 결정한 좋은 대학, 좋은 학과에 진학했다고 하자. 그렇게 해서 대학 역시 우수한 성적으로 졸업해 부모가 설계한 길을 무난하게 가는 것도 좋은 것 아니냐고 반문하는 이들도 있을 것이다.

하지만 다시 한 번 생각해보자. 우리가 여기서 논하고자 하는 것은 우리의 미래 사회와 세계를 이끌어갈 창의적 영재의 탄생이다. 스스로 결정하지 못하고, 자신의 인생까지 부모의 결정에 의존하고 따라가는 창의적 영재… 이것은 앞뒤가 맞지 않는 이야기가 아닐까? 그런 영재를 생각하면 명품 옷을 입은 허수아비가 떠오르는 것은 나만의 생각일까?

높은 지능지수와 빠른 이해력이 영재의 전부가 아니라고 현대사회의 영재교육 전문가들은 입을 모은다. 과제집착력과 창의적 문제해결력까지 두루 갖춘 대부분의 영재들은 자아가 강한 편이다. 이를 무시하고 꺾기보다는 강한 자아 안에서 주도적으로 자기 인생을 설계하고 건설해가도록 격려할 때 진정한 영재성이 성공적으로 꽃피울 수 있다고 믿는다.

현재 MIT 공과대학에 재학중인 D군이 고등학교 때 한국물리올림피아드 대상을 수상한 뒤 자신이 세우고 설계했던 학습 계획서를 보여준 적이 있다. 그동안 D군은 스스로 계획을 세워서 자기 목표에 맞게 학습 분량과 스케줄을 정해 이를 실천해왔던 것이다. 나와 함께 하는 공부 일정도 그 안에 포함되어 있었지만 그것은 일부에 불과했다. 예의 바르면서도 당당하고 자기주장이 강하며, 항상 자긍심과 자신감을 지니고 있는 D군, 나는 그의 성공을 확신한다.

D군의 부모님은 모두 의사이지만, D군에게 의과대학으로의 진학을 강요하지 않았다. D군이 자동차공학과 전기공학 중에서 어느 것을 전공으로 택할까 고민할 때, 그리고 군에는 언제 입대할 것인가 등의 현실직인 문제를 고민할 때, 부모님이 미국에서 날아와 나에게 조언을 구한 적이 있었다. 하지만 내가 D군에게 이메일로 의견을 물어보고 조언해주기를 바라는 정도였을 뿐, 결정은 아들의 몫이라며 아들의 의견과 결정을 존중해주었다. 그러한

부모의 믿음이 오늘의 D군을 있게 한 자양분이 아니었을까 싶다.

우리 아이들이 자기주도형 영재로 자라는 데 필요한 기초 자양분은 스스로에 대한 자긍심이다. 그리고 이런 자긍심은 아이를 믿어주고 격려하고 아이의 결정과 판단을 존중해주는 데에서 비롯된다. 어찌 보면 어렵고 어찌 보면 쉬운 일이다.

자아가 강하고 이해가 빠른 영재들을 더욱 북돋워주고 격려할수록 자기 재능에 대한 믿음도 커질 것이다. 그렇게 스스로 학습하고 탐구하며 결정해나갈 때, 21세기가 필요로 하는 인재의 모습에 더 다가갈 수 있으리라고 확신한다. 그리고 그럴 때에 비로소 우리 영재들의 삶도 보다 행복해질 것이다.

Chapter 5

수학·과학 영재를 위한 살아 있는 기초 교육

살아 있는 공부, 깨어나는 영재들

생물은 암기 과목이 아니다

내가 과학에 처음 관심을 갖게 된 것은 고교 시절, 화학을 배우면서부터였다. 원자들이 결합해 다양한 분자가 생성된다는 사실, 그리고 이 거대한 우주를 창조하는 근원이 무엇인지 이해해가는 과정 자체가 너무 즐겁고 감격스러웠다.

사실 중학교 시절로 더 거슬러 올라가야 할지도 모르겠다. 등가속도운동과 자유낙하를 배운 뒤 초시계와 돌멩이를 들고 아파트 옥상에 올라가 아래로 떨어뜨리는 위험천만한 시험을 하던 때로. 아마도 그때부터 과학에 대한 흥미가 남달랐던 것 같다. 나에게 과학은 그야말로 세상을 이해하는 통로였다.

그런데 이상하게도 생물 과목은 전혀 흥미롭지 않았다. 아마도 초등학교 시절 시험 때문에 쌍떡잎식물과 외떡잎식물에 대해 달달 외우면서부터 '불화'가 시작되었던 것 같다. 생전 보지도 못한 식물들을 무작정 외우자니 지루하기 짝이 없었다. 또 왜 식물을 그렇게 분류하는지 이해하지도 못한 채 떡잎 수가 쌍이냐 홀이냐로 구분하고 기억해야 한다는 게 고역이었다. 그때의 우중충한 기억 때문에 생물을 제쳐두게 되었던 것 같다.

생물 전공자들에게 물어보면, 이런 분류는 일단 암기하는 방법이 최고라고 입을 모은다. 의과대학 본과생들이 인체의 각 부위 명칭을 무조건 외우는 것도 이와 비슷한 이치가 아닐까 싶다.

하지만 조금 더 생각해볼 일이다. 의대생들이 처음에는 인체 각 부분의 명칭을 무조건 외운다지만, 이후의 본과 과정에서는 각 부분을 다시 자세히 관찰하고 탐구한다. 이 과정을 통해 처음에 죽어라고 외웠던 죽은 지식이 점차 살아 있는 지식으로 변하고 체득되는 것이다.

생물의 분류를 무조건 외웠던 예비 생물학자들 역시 이후의 탐구 과정에서는 각각의 생물을 실제로 접할 것이고, 이런 생생한 경험이 '암기된 지식'을 깨워 '살아 있는 지식'으로 거듭나게 하는 것이다. 이렇듯 과학을 탐구한다는 것은 자연 세계를 읽고 이해하는 과정이다.

생물은 암기 과목이 아니다. 과학 분야의 하나이고, 과학을 좋아하는 나에게 아주 흥미로운 세계일 수도 있다. 하지만 실제 자연 세계와의 연결고리가 없는 비과학적인 학습 방법을 나는 감당할 수 없었다. 그것은 나에게만 해당하는 이야기가 아닐 것이다. 본 적도 없는 식물들을 무조건 외우게 하기보다는 시간이 다소 걸리더라도 먼저 생생히 살아 있는 식물들을 보고 느끼게 해주었다면 어땠을까?

죽은 지식, 살아 있는 지식

미국 동부 해안 지역을 여기저기 옮겨 다니며 10년을 산 까닭에, 그 지역에 자리 잡은 주의 위치와 이름은 모두 기억한다. 뿐만 아니라 미국 독립 때 미 연방을 구성했던 13개 주의 위치와 역사까지도 잘 알고 있다.

사실 역사와 지리 역시 내게는 그다지 흥미로운 과목이 아니었다. 생물이 흥미롭지 못한 이유와 같다. 경험해보지 않은 사실을 무조건 외워야 하는 공부가 내 체질에 맞지 않았던 탓이다. 우리 역사도 상식이라고 할 만한 것만 겨우 아는 마당에, 남의 나라의 지리와 역사가 머리에 들어올 까닭이 없었다. 그런데 그 지역에서 사는 동안 그렇게 싫어했던 역사, 지리 관련 지식이 별다른 노력도 없이 체득된 것이다. 살아 있는 지식을 얻는 방법이란 바로 이런 것이 아닐까?

무조건적인 암기 학습은 여느 아이들과 마찬가지로 영재에게도 전혀 바람직하지 않다. 도전적이지도 않을뿐더러 학습 의욕이나 동기마저 잃게 할 수도 있다. 그러나 불행히도 많은 학교와 학원에서 몇몇 특정한 교과목에는 이런 방법이 효과적이라며 여전히 활용하고 있다.

모든 과목이 그렇지만 특히 과학의 경우, 무조건적인 암기 학습은 기초부터 독이 되기 쉽다. 책 속의 지식과 살아 있는 세계를 연관 짓지 못하고 기계적으로 외운 지식은 창의성마저 갉아먹기 때문이다.

잠시 우리 부모들의 학창 시절을 돌이켜보자. 점수 올리겠다고 시험 전날 밤 벼락치기로 암기한 내용 중에서 얼마나 많은 것을 기억하고 있을까? 단기간에 암기한 지식이 이 세상을 살아가며 세계를 이해하는 데 얼마나 도움이 되고 있을까? 정보와 지식을 머리에 억지로 우겨 넣기 바쁜 우리 아이들에게 과연 창의적이고 자유로운 발상을 기대할 수 있을까?

과학 연구란 기존의 개념과 원리를 바탕으로 새로운 경험과 창의적인 발상이 어우러지면서 지금까지 모두가 사실이라고 믿던 것을 새롭게 해석하는 과정이다. 기존의 원리나 명제를 진리로 받아들여 반복적으로 답습하고 암기하는 것은 새롭고 진취적인 시도를 처음부터 포기하는 일이다. 죽은 지식을 살아 있는 몸에 밀어 넣는 것과 같다. 미래의 과학자를 꿈꾸는 아이들에게는 악몽 같은 일이다.

과학뿐만 아니라 모든 분야, 모든 과목의 학습 과정이 그렇다. 무엇을 배운다는 것은 자연과 세계를 생생히 살아 있는 모습 그대로 이해하고, 스스로 느끼고 체험하면서 인식의 지평을 넓혀가는 과정이다. 이 과정에서 창의적인 발상이 현실로 구현되기를 바란다.

미국 영재학교 참관기

자연이 교실이다

1995년부터 1997년까지 미국 플로리다의 주도 탤러해시에 위치한 플로리다 주립대학에서 연구원으로 지낼 때의 일이다. 당시 초등학교 1학년과 2학년이었던 우리 아이들 모두가 '영재'로 판별된 덕분에, 미국의 영재교육 시스템과 프로그램을 단편적이나마 잠시 경험할 기회를 얻었다.

영재성을 판별하는 과정은 각 학급 담임의 추천으로 시작된다. 아이가 똑똑하다고 해서 스스로 신청할 수 있는 게 아니다. 담임 선생님이 1년간 아이들을 쭉 지켜본 뒤, 학년 말쯤 특별 교육이 필요하다고 판단되는 이른바 '영재 후보'를 추천한다. 그러면 시 교육청에서 영재성 판별 검사관을 파견해

후보 학생을 한 시간 넘게 검사한다. 주로 지능검사를 실시하는데, 당시에는 상위 2% 이내의 학생들을 영재교육 대상자로 선정했다(현재는 약 6%까지 확대했다).

선발생들은 일주일에 한 번씩 스쿨버스를 타고 시 교육청에서 관리하는 특별 영재학교gifted center로 향한다. 그곳에서 음악, 과학, 컴퓨터 등 다양한 과목 중에서 마음에 드는 것을 선택해 수업을 받는다. 과학 수업에 관심이 많았던 나는 틈만 나면 아이에게 수업 내용을 물었다. 아이의 이야기를 들을 때마다 감탄스럽고 부러웠다.

그곳 영재학교의 아이들은 과학 시간에 학교 근처의 숲과 개울, 들판을 돌아다니며 선생님과 함께 탐험을 한다. 거기서 여러 가지 꽃과 나무, 이끼, 올챙이와 물고기를 보고, 그게 무엇인지, 어떤 특징을 가졌는지 서로 이야기를 나누며 정보를 공유한다. 선생님은 단지 묻고 정리만 해줄 뿐이다. 그리고 다음 실내 수업 시간에는 학생들이 발견하고 채집한 생물들을 생물 백과에서 찾아보며 책 속으로의 또 다른 탐험을 경험한다. 학교 안과 밖, 책과 자연 사이를 오가는 탐험 속에서 아이들은 자연에 대한 인식의 지평을 마음껏 넓혀나간다.

미국 생활을 끝내고 서울의 학원가에 몸담게 되면서, 우리에게도 초등학교 때부터의 기초적인 과학 영재 교육이 절실하다는 것을 깨달았다. 실제 사물이 재료가 되고, 실험과 탐구가 중심이 되는 구체적인 교육 말이다. 그리고 뭔가 대안이 될 수 있는 과학 영재교육 시스템을 개발하고 싶었다.

그런 바람을 품고, 미국의 영재교육 시스템을 벤치마킹하기 위해 영재교육학회 학술 발표회에 참석한 적이 있다. 그때 마침 버지니아 주의 영재학교 몇 곳을 방문할 기회가 되어, 그곳 교육 관계자들과 대화를 나누고 수업을 참관하기도 했다.

버지니아 주의 작은 도시, 린치버그에는 초등학생을 위한 영재교육기관인 '고스쿨Go School'이 있다. 그곳에서 우연히 먹이사슬에 관한 수업에 참관하다가 신선한 충격을 받았다.

먼저 선생님이 아이들에게 부엉이의 배설물을 나누어주었다(부엉이 배설물을 구매할 수 있다는 것을 그때 처음 알았다).

"자, 그럼 이제 부엉이가 무엇을 먹었는지 알아볼까요?"

아이들은 배설물을 열심히 뒤적거렸다. 하지만 작은 가루 뭉치와 덩어리들뿐이었다. 미처 소화되지 않은 조각들도 있다. 동물의 뼈였다. 아이들은 마치 퍼즐을 맞추듯 뼛조각을 하나하나 모아서 조립하기 시작했다. 어느 정도 맞춰놓고 보니 크기가 아주 작은 포유류의 골격이었다. 그러자 선생님이 물었다.

"자, 이건 어떤 동물의 뼈일까요?"

"햄스터요!"

"두더지요!"

"선생님, 생쥐예요!"

아이들이 신나게 외치며 각자의 의견을 내놓았다. 선생님은 결론이 생쥐로 접근하는 것을 지켜보고서야 비로소 아이들에게 길잡이 역할을 했다.

"아! 부엉이가 생쥐를 먹는군요. 그럼 부엉이는 어떤 동물에게 먹힐까요?"

사고의 확장을 이끌어내는 질문이다. 토론의 내용은 점차 동물과 동물이 서로 먹고 먹히는 먹이사슬로 이어지다가 생태계의 조화로까지 다가갔다. 이 과정을 통해 학생들은 먹이사슬의 본질과 그것의 실제 사례를 접하면서

'생생한 자연'을 이해하게 되는 것이다.

더이상 다른 설명이 필요할까?

멘델레예프 따라 하기

버지니아 주의 로어노크 밸리 거버너스 하이스쿨Roanoke Valley Governor's High School은 고등학생을 위한 영재학교다. 내가 그곳을 방문했을 때는 마침 화학 수업이 진행되고 있었다. 멘델레예프의 주기율표에 관한 수업이었다.

족 주기	1	2	3	4	5	6	7	8	9	10	11	12	13	14	15	16	17	18
1	1 H																	2 He
2	3 Li	4 Be											5 B	6 C	7 N	8 O	9 F	10 Ne
3	11 Na	12 Mg											13 Al	14 Si	15 P	16 S	17 Cl	18 Ar
4	19 K	20 Ca	21 Sc	22 Ti	23 V	24 Cr	25 Mn	26 Fe	27 Co	28 Ni	29 Cu	30 Zn	31 Ga	32 Ge	33 As	34 Se	35 Br	36 Kr
5	37 Rb	38 Sr	39 Y	40 Zr	41 Nb	42 Mo	43 Tc	44 Ru	45 Rh	46 Pd	47 Ag	48 Cd	49 In	50 Sn	51 Sb	52 Te	53 I	54 Xe
6	55 Cs	56 Ba	* 71 Lu	72 Hf	73 Ta	74 W	75 Re	76 Os	77 Ir	78 Pt	79 Au	80 Hg	81 Tl	82 Pb	83 Bi	84 Po	85 At	86 Rn
7	87 Fr	88 Ra	* 103 Lr	104 Rf	105 Db	106 Sg	107 Bh	108 Hs	109 Mt	110 Ds	111 Rg	112 Uub	113 Uut	114 Uuq	115 Uup	116 Uuh	117 Uus	118 Uuo

*란탄족 Lanthanoids	*	57 La	58 Ce	59 Pr	60 Nd	61 Pm	62 Sm	63 Eu	64 Gd	65 Tb	66 Dy	67 Ho	68 Er	69 Tm	70 Yb
*악티늄족 Actinoids	*	89 Ac	90 Th	91 Pa	92 U	93 Np	94 Pu	95 Am	96 Cm	97 Bk	98 Cf	99 Es	100 Fm	101 Md	102 No

나 역시 고교 시절, 주기율표를 처음 접했을 때는 일단 원소 기호와 원자

량을 외우는 데 급급했다. 사실 이 주기율표에 나와 있는 원소들은 몇몇을 제외하고는 생전 들어보지도 못한 것들이다. 그런데도 통과의례라도 되는 듯 무조건 암기하는 것으로 주기율표에 입문하게 되는 것이다.

하지만 이 학교의 수업은 달랐다. 우선 학생들에게 여러 종류의 다양한 볼트 더미를 나누어준다. 그리고 종이를 한 장씩 나눠주는데, 아래와 같이 빈 칸뿐인 표가 그려져 있다.

학생들의 과제는 2인 1조가 되어 서로 토론하면서 표의 빈칸에 볼트를 채워 넣어 배열하는 것이다. 학생들이 사용할 수 있는 것은 무게를 재는 저울과 길이를 정밀하게 측정해주는 자의 일종인 버니어캘리퍼스가 전부다.

학생들은 스스로 사고하고 토론하면서 일단 무게가 무거워지는 순서로 볼트를 배열하기 시작했다. 그다음에는 볼트의 지름과 길이를 측정한 뒤 지름이 같은 볼트들을 세로로 배열하고, 또 무게에 따라 가로로 배열해가면서 볼트의 주기율표를 완성했다.

주기율표란 지금까지 발견된 구성 원소들을 무거운 순서에 따라 가로로 나열하고, 화학적 성질의 규칙성에 따라 세로로 배열한 표이다. 원소들의 주기적인 규칙성을 밝혀낸 주기율표를 암기 대상으로만 접한다면, 멘델레예프가 왜 이런 작업을 했고, 그 성과는 무엇이며, 주기율표가 과학사에 끼친 영향과 의미에 대해서는 생각할 여지도 없고 궁금한 게 생길 리도 없다.

하지만 원소가 아닌 볼트 나사 더미로 무게와 길이를 측정해 원소들의 규칙성을 찾아 배열하는 일련의 과제를 진행하는 동안, 학생들은 몸소 멘델레예프를 경험하게 되는 것이다.

이 과정에서 지루하고 답답한 '암기'가 과연 필요할까? 한 시간 동안의 짧은 실습에서 학생들이 체득한 주기율표의 개념은 머리가 아닌 몸에 고스란히 남게 된다. 이렇게 원리에 대한 인식을 바탕으로 원소들을 기억하는 것과 원소 기호들을 억지로 머리에 쑤셔 넣는 방법 중 어느 쪽이 더 효율적일까?

미국 영재학교에서의 체험은 내게 많은 자극이 되었다. 창의적인 과학 영재교육을 위해서는 무엇이 필요한지, 아이들의 창의성을 계발하기 위해서는 먼저 가르치는 사람부터 얼마나 끊임없이 창의적으로 사고해야 하는지를 깨달았다.

물론 선진국이라고 해서 모든 면에서 우수하고 무조건 본받아야 하는 것은 결코 아니다. 선진국이건 후진국이건 각각의 구체적인 사례에서 우리의 시스템이나 내용보다 우월하고 배워야 할 것이 있으면 마음을 열고 받아들여야 할 것이다. 그런 의미에서 우리나라보다 훨씬 오랜 전통과 경험을 가진 미국의 과학 영재교육은 부러움과 동시에 커다란 도전 과제를 안겨준 셈이다.

먹이를 주지 말고 사냥법을 가르쳐라

답이 아니라 문제를 먼저 생각하라

지난 2009년, 미 항공 우주국NASA의 '피닉스'호가 화성의 북극에 도착했다. 그리고 5개월 동안의 탐사 결과, 화성에 물의 흔적이 있다는 것을 밝혀냈고 생명체의 존재 가능성도 함께 제시했다.

이듬해인 2010년 1월, 미국의 크레이그 벤터J. Craig Venter 박사는 간단한 인공 합성 유전자를 만들어내는 데 성공했다. 이렇게 만들어낸 유전자를 박테리아에 삽입해 생명체 내에서 기능하게 할 수 있다면, 마치 설계도로 물건을 만들어내듯 생명체도 마음대로 제작할 수 있는 시대가 오게 될 것이다.

미국 버클리 소재의 캘리포니아 대학 연구진은 '메타 물질'이라는 것을 통해 투명 망토를 개발해냈으며, 2009년에 미국의 생화학자 스테판 슈스터 Stephan Schuster 교수는 매머드 화석에서 채취한 털을 가지고 매머드의 DNA를 약 80% 복원해내는 데 성공했다. 만일 100% 복원하게 된다면 실제로 매머드가 살아 돌아다니는 시대가 올지도 모른다. 〈쥬라기 공원〉 같은 영화가 현실로 이루어질 수도 있다는 얘기다.

하나같이 공상과학영화에나 나올 법한 이야기이지만, 지금 동시대 과학자들에 의해 진행되고 있는 실제 상황이다. 알다시피 지난 한 세기 동안 인류의 삶은 크게 달라졌다. 과학기술의 발전이 그 원동력이 되었다고 볼 수 있다. 그러나 안타깝게도 우리나라에는 획기적인 과학 발전에 기여한 과학자가 아직 그리 많지 않다.

1980년대 이후 경제 발전에 힘입어 우리나라에서도 해외로 유학을 떠나는 학생들이 많아졌다. 실제로 아이비리그에 재학중인 동양계 학생 중 한국인 학생의 비율도 매우 높은 편이다. 하지만 아직 한국인 과학자들이 세계 과학계에서 펼치는 활약은 미미한 수준이다.

우리나라 학부모의 교육열은 타의 추종을 불허한다. 이만큼 자녀 교육에 정신적·물질적 투자를 아끼지 않는 나라도 찾아보기 힘들다. 많은 학생들이 방과 후에 학원을 가거나 과외를 하는 등 공부에 많은 시간을 투자한다. 이렇게 많은 양의 공부를 소화하다 보니 한국의 중·고교 학생이 유학을 가면 다른 나라 학생들에 비해 월등히 높은 성적을 받곤 한다.

하지만 대학교에 들어가고 난 뒤부터는 이야기가 달라진다.

위에 예시한 놀라운 과학적 업적들은 자연이 우리에게 던져주는 비밀을 알아내기 위해 창의적으로 연구하고 응용하는 과정에서 탄생한 것이다. 위대한 과학자의 꿈을 가진 우리의 수학, 과학 영재들에게도 이렇게 창의적으로 새로운 문제를 탐험할 수 있는 능력이 필요하다. 단순히 누군가 이미 해결해놓은 문제의 답을 찾는 데만 우월한 능력을 보인다고 자만할 일이 아니다.

하나뿐인 정답을 요구하는 시대는 지났다. 아인슈타인은 답을 생각하기 전에 문제를 먼저 생각했다고 한다. 그리고 문제를 탐구하는 데 집념을 쏟는 과정에서 그만의 창의적인 답을 찾아낸 것이다. 그는 말한다.

"나는 책에서 찾을 수 있는 것은 머리에 넣고 다니지 않습니다."

참으로 울림이 큰 말이다. 중요한 것은 주어진 답을 찾아내는 것이 아니라 문제를 이해하는 힘이기 때문이다.

실제로 과학 분야에서 크게 기여하고 인류에 공헌하는 과학자들 대부분이 어린 시절부터 스스로 가설을 세우고 탐구해가는 과정을 습관화했다. 그래서 남이 아닌 자기만의 답을 찾아 묵묵히 자기 길을 걸었고, 그 결과 세상을 깜짝 놀라게 할 위대한 업적들이 탄생한 것이다.

'지식 자극'이라는 이름의 씨앗

그렇다면 스스로 답을 찾아가는 학습은 어떻게 진행되어야 할까?

이것은 사실 우리나라 교육 현실에서 가장 중요하고도 어려운 문제다. 우리에게도 물론 훌륭한 교사들이 있어 여러 분야에서 탐구 수업을 하고 있다. 하지만 우리의 공교육 실정에서는 정해진 기간 내에 탐구 수업으로 교과과정을 진행하기란 불가능하고, 교사의 재량에 따라 매우 큰 차이가 발생할 수밖에 없다. 탐구 수업을 받아본 적도 없고 경험해본 적도 없는, 다시 말해 주입식 교육을 받으며 성인이 된 대부분의 교사들이 탐구 수업을 한다는 것은 사실상 불가능하고, 가능하다고 해도 형식적일 수밖에 없다. 교육부도 이러한 문제점을 인식하고, 최근 들어 방과 후 활동이나 탐구 수업을 도입하려는 시도를 하고 있다.

역설적이지만 공교육의 보완책에 불과했던 사교육이 과거에 공교육이 할 수 없었던 학생들의 자기주도적인 학습법을 좀더 발 빠르게 제시하고 끌어가는 경우가 많다. 또 국내 대학들에서도 어린 학생들을 대상으로 자기주도적 학습을 위한 캠프 프로그램을 다채롭게 운영하고 있다.

그렇다면 자기주도적인 학습법이란 무엇일까?

쉽게 말해 과거의 주입식 교육이 아이에게 밥을 떠먹여주거나 심지어는 밥을 씹어서 먹여주는 방식이었다면, 자기주도적인 학습법은 아이 스스로 먹고 싶은 것을 찾아서 다양한 방법으로 요리하고 맛을 음미하는 방식이라고 할 수 있다. 즉 어떤 개념을 익힐 때 스스로 사고할 틈도 없이 정답까지 직진시켜 아이의 사고를 한정 짓는 것이 과거의 방식이었다면, 다소 어렵게 돌아가더라도 시행착오를 거듭해 스스로 사고를 확장시키는 것이 바로 자기주도적인 학습법이다.

왜 그렇게 어렵게 돌아가냐고 고개를 내저을지도 모른다. 하지만 아이들에게는 물고기를 쥐여줄 것이 아니라 낚싯법을 가르쳐야 한다. 아이가 사소한 것에 호기심을 보일 때 부모는 행복해해야 한다. 인류에 공헌한 많은 학자들의 위대한 발견 역시 작은 호기심에서부터 출발했다는 사실을 기억하자.

아이는 아주 어릴 때부터 호기심과 동기를 유발하는 '지식 자극'에 노출될 필요가 있다. 물론 자기 수준에 맞는 자극이어야 한다. 그렇게 스스로 의문을 품고 문제를 인식하게 한 뒤에 궁금증을 풀기 위한 다양한 방법을 찾아보게 하는 것이다. 인터넷이나 책, 신문 등에서 답을 얻을 수도 있고 친한 친구나 선생님, 가족을 통해서도 답을 얻을 수 있다. 또 엉성하고 허술할지언정 자기 나름대로 실험을 해볼 수도 있다. 어린 시절의 불완전한 시도는 아이가 자라는 동안 점점 더 정교해지고 완전해지며, 나아가 아이를 특별하게 자라게 하는 씨앗이 되어준다.

자기주도적인 수학·과학 학습법

1. 아이에게 호기심의 씨앗이 될 만한 '지식 자극'을 주어라.
2. 아이가 질문하면 늘 친절하게 대답하고, 질문하는 것을 두려워하지 않게 하라.
3. 아이가 궁금해하는 것을 부모가 함께 찾아보고 알아보는 과정을 보여줘라.
4. 정답이 아니라 문제의 답을 찾는 방법을 알려줘라.
5. 다른 아이보다 천천히 지식을 습득하는 것에 조바심 내지 마라.
6. 모든 아이들의 다양성을 인정하고 한 가지 분야에서의 뛰어난 점을 칭찬하라.
7. 모든 분야에서 보통으로 잘하는 것보다 한 분야에서 뛰어난 것이 현대 사회의 영재라는 것을 잊지 마라.
8. 부모나 교사는 단순히 지식이나 문제의 답을 가르쳐주는 사람이 아니라 스스로 답을 찾도록 도와주는 조력자임을 아이가 알게 하라.

생각은 경험에서 나온다

· · · · · · · · · · · · ·
창의적 문제해결력을 기르는 과학 학습법

우리 아이들을 창의적인 인재로 키우기 위해서는 스스로 다양한 방법을 찾아내어 문제를 해결하는 능력을 길러줘야 한다. 이것을 '창의적 문제해결'이라 하는데, 이러한 창의적인 사고 능력은 타고나는 것이 아니라 후천적으로 학습된다. 그리고 문제해결력을 키우는 과정을 통해 아이는 단순히 학문적으로만 성장하는 것이 아니라, 일상생활에서 어떤 상황과 맞닥뜨리든, 어떤 문제에 직면하든 스스로 유연하게 대처할 수 있게 된다.

그렇다면 문제해결력을 기르기 위해 제일 먼저 해야 할 일은 무엇일까? 가장 좋은 방법은 아이가 호기심을 가지고 주어진 주제에 대해 스스로 먼

Chapter 5 수학·과학 영재를 위한 살아 있는 기초 교육

저 생각해보게 하는 것이다. 아이의 감각 범위를 책이나 그림 등에 국한시키지 말고 실제로 일어나는 현상이나 만져볼 수 있는 대상을 통해 동기 부여를 하는 것이 보다 효과적이다. 그리고 단순히 어떤 대상을 접하는 것으로 그치지 말고, 문제를 인식하고 해결하기 위해 스스로 도전하게 해야 한다. 다음의 사례는 내가 교육 현장에서 실제로 적용하고 있는 방법들이다.

▶사례 1. 호기심과 학습 동기 유발하기
이 사례는 미국의 영재학교에서 체험한 내용을 참고한 것이다.

예를 들어 생태계의 먹이사슬을 공부할 때는 올빼미의 토사물인 펠릿pellet을 이용해 아이의 호기심을 끌 수 있다. 올빼미의 펠릿은 올빼미가 먹이를 먹고 난 뒤 소화시키지 못하는 뼈나 동물의 털 같은 것을 토해낸 것이다. 올빼미의 펠릿을 분석하면 올빼미가 먹은 먹이의 종류를 알 수 있고, 거기서부터 출발해 올빼미가 잡아먹은 동물의 먹이까지 아이 스스로 탐구해 알아낼 수 있다. 이런 방법을 통해 먹고 먹히는 관계를 연결 짓고 생태계에 이러한

먹이사슬이 다양하게 존재한다는 것을 아이 스스로 깨닫게 되는 것이다.

아이들의 반응은 다양할 수 있다. 영문도 모르는 상태에서 올빼미 펠릿을 보고 겁을 먹을 수도 있고, 어쩌면 재미있어할지도 모른다. 어느 쪽이건 흥미를 느끼며 앞으로 배울 내용을 즐겁게 받아들일 확률이 높다.

직접 눈으로 확인한 동물의 뼈를 바탕으로 올빼미가 먹은 동물을 알아내고, 올빼미한테 잡아먹힌 동물(예를 들어 들쥐 같은 동물)은 숲에서 주로 무엇을 먹는지 계속 추적해나가게끔 유도한다.

아이는 인터넷이나 책 등을 통해 들쥐의 먹이가 되는 것들을 찾아내고, 먹고 먹히는 관계에 대해 얼마든지 빈칸을 채워나갈 수 있다. 또한 정답이 여러 가지일 수 있고, 먹이사슬이 한 가지가 아니라 여러 가지로 존재할 수 있다는 것도 깨닫게 된다.

이를 통해 먹이사슬이 그물처럼 연결되어 있는 '먹이그물'이라는 개념까지 유추할 수 있으며, 실제로 생태계는 먹이사슬이 아니라 먹이그물 상태로 복잡하게 얽혀 있다는 결론을 내릴 수 있다.

어떤 현상의 원인을 파헤쳐 알아내야 할 때 'A는 B이다'라고 답부터 말해주는 것은 바람직하지 못하다. 아이가 사고할 틈도 없이 교사나 부모가 개념을 한정 짓는 것은 자기주도적인 학습에 큰 걸림돌이 될 수 있다. 아이들이 알고 있는 수준의 사실에 대한 질문 또는 활동을 통해 앞으로 알아야 할 내용의 개념을 스스로 끌어낼 수 있게 도와야 한다.

▶사례 2. 피드백 질문을 통해 아이의 생각 끌어내기

예를 들어 '온도가 높을수록, 물의 양이 많을수록 가루 물질을 많이 녹일 수 있고, 반대로 온도가 낮거나 물의 양이 적을수록 가루 물질은 적게 녹는다'라는 현상에 대해 공부할 때, 이 현상의 원인을 이해하게 하려면 다음과 같은 활동을 해볼 수 있다.

비커나 컵에 찬물을 일정량 담은 뒤 아이에게 설탕을 계속 넣고 저어서 녹여보게 한 다음, 설탕이 더이상 녹지 못하고 가라앉는 현상을 관찰하게 한다. 이 과정을 통해 일정량의 물에 녹을 수 있는 설탕의 양이 정해져 있다는 사실을 아이 스스로 확인할 수 있다. 그런 다음에는 왜 그렇게 되는지 아이에게 질문을 던진다. 아이는 대답할 수도 있고 전혀 대답하지 못할 수도 있다. 아이가 쉽게 대답하지 못할 때는 다음의 그림을 통해 그 이유를 설명해준다.

우리 눈에는 보이지 않지만 물은 아주 작은 알갱이로 되어 있다. 설탕 가루는 물에 넣으면 작은 알갱이로 나뉘어 물 알갱이 사이의 빈 공간으로 끼어들게 된다. 하지만 그림에서처럼 설탕이 끼어들어갈 수 있는 물 알갱이 사이의 공간이 한정되어 있기 때문에 녹을 수 있는 설탕의 양도 한정되는 것이다.

이렇게 설명해준 다음 다시 아이에게 다음의 질문을 던진다.

"그렇다면 설탕을 물에 좀더 많이 녹일 수 있는 방법은 없을까?"

그리고 아이에게 실험 도구나 물, 설탕을 주고 직접 실험해보게 한다. 아이는 마음껏 다양한 방법을 시도해볼 수 있다. 오랫동안 천천히 혹은 빠르게 저어주거나, 물을 더 붓거나 뜨겁게 데우는 등 여러 가지 방법을 시도하다 보면 물의 양을 늘리거나 온도를 높이는 것이 가장 확실한 방법이라는 것을 확인하게 된다.

"왜 그럴까?"

그 이유에 대해 아이의 의견을 묻고 아이에게 생각할 시간을 준다. 앞에서 물에 설탕이 녹는 것은 물 알갱이 사이의 틈으로 설탕 알갱이가 작게 흩어져 끼어들어가는 것이라고 이미 설명했기 때문에, 아이가 비교적 정확한 이유를 생각해내고 설명할 가능성이 높아진다. 아이의 다양한 의견을 들어준 뒤 가장 정확한 이유에 대해 그림 등을 통해 쉽게 설명할 수 있다.

만약 물의 양을 늘리면 설탕 알갱이가 끼어 들어갈 수 있는 물 알갱이 사이의 공간도 많아지므로 녹을 수 있는 설탕의 양도 그만큼 늘어나게 된다.

또한 물의 온도를 높이면 물 알갱이들이 좀더 빠르게 움직이면서 알갱이 사이의 거리가 멀어져 녹을 수 있는 설탕의 양도 많아지는 것이다.

이런 개념에 대해 실험을 통해 직접 관찰하고 그 이유를 스스로 상상해본 뒤 쉬운 그림을 보면서 실제 이유를 배우게 되면, 앞으로 어떤 현상을 접하거나 관찰할 때도 아이는 자연스럽게 원리를 생각해낼 수 있게 된다.

▶ 사례 3. 배운 내용을 바탕으로 쉬운 문제 해결하기

여기까지 잘 따라와주었다면, 이제는 아이가 좋아할 만한 미션을 주는 것도 좋다. "그럼 반대로 온도를 낮추거나 물의 양을 줄이면 어떻게 될까?" 아이에게 결과를 예상하고 직접 실험해보게 한 뒤, 그 실험과 관련해 다양한 보석 모양의 결정을 만드는 미션을 주는 것이다.

명반 결정　　　　　황산구리 결정　　　　　수정 결정

위의 그림과 같은 명반 가루나 황산구리 가루, 수정 가루 등을 아이들에게 주고 보석 모양의 결정을 만드는 실험을 해볼 수 있다. 어떻게 하면 가장 큰 결정을 만들 수 있을지 스스로 여러 가지 방법을 찾고 시행착오를 거치면서 다른 아이와 내 방법의 차이점 등을 찾아보게 한다.

큰 결정을 만드는 가장 확실한 방법은 높은 온도에서 가루 물질을 최대한 많이 녹였다가 서서히 식히면서 결정의 중심이 될 수 있는 작은 명반 조각이나 황산구리 조각, 수정 조각 또는 여러 광물이 들어 있는 작은 암석 조각 등을 넣어두는 것이다.

▶ **사례 4. 과학적인 탐구를 통해 어려운 문제 해결하기**

과학적인 탐구 활동의 정확한 개념을 잡기 위해 또 다른 사례를 들어보자.

먼저 소나무에서 솔잎을 뜯는다. 뜯어놓은 솔잎을 깨끗이 씻고 물에 끓여 아이와 함께 솔잎차를 만든다. 마시려고 만드는 게 아니다. 여기서 솔잎차는 문제를 풀기 위한 아주 중요한 도구이다. 솔잎차를 만든 뒤 아이가 과학자가 된 기분이 들게끔 미션을 준다.

일단 여러 가지 식물 씨앗과 몇 가지 실험 도구를 아이와 함께 준비한다. 실험 도구는 배양 접시(페트리접시)나 일회용 접시, 솜, 솔잎차의 양을 잴 수 있는 도구(메스실린더나 국자)이다. 실험 도구를 준비할 때, 주변에서 흔히 볼 수 있는 도구로도 얼마든지 실험을 할 수 있다는 것을 아이에게 인지시킨다. 그러고 나서는 식물 씨앗의 싹을 틔울 때 솔잎차를 뿌리는 것이 도움이 될지 방해가 될지 일주일 정도의 시간을 주고 스스로 실험해보게 한다.

아이는 실험에 앞서 나름대로 예상을 할 것이다. '솔잎차가 식물이 싹을 틔우는 데 도움이 될 것이다'라고 예상한다면, 그것이 맞는지 입증해보고 싶을 것이다. 바로 이것이 실험의 첫번째 단계인 '가설 설정'이다.

이 실험의 결과는 인터넷을 뒤지거나 책을 찾아보아도 알아내기 힘들다. 아이는 문제를 해결하기 위해 필요한 실험 과정을 제 힘으로 설계해야 한다. 이것이 바로 '가설 설정'의 다음 단계인 '실험 설계'다. 이 과정에서 중요한 것은 '같아야 하는 조건과 달라야 하는 조건'을 잘 설정하는 것이고, 이는 정확한 결론을 내리는 데 변수로 작용할 수 있다.

다시 말해 솔잎차의 영향 여부를 알아보려면 씨앗의 종류나 접시에 담은 씨앗의 개수, 물을 주는 횟수나 씨앗을 두는 장소 등의 조건은 모두 같고, 씨앗에 뿌려주는 솔잎차의 농도만 다르게 해야 정확한 결과를 얻을 수 있다.

아이는 성공할 수도 있고, 실패할 수도 있다. 만약 실험에 실패한다면 어떤 문제점 때문에 결과를 판단할 수 없게 된 것인지, 어떤 점을 개선해야 하는지 파악해야 한다. 이때 부모나 교사는 정보를 주거나 조언해줄 수 있다. 힌트를 주거나 사고의 범위를 좁혀주는 것도 가능하다. 또한 함께 실험을 진행하며 정답을 찾아가는 것도 좋다.

씨앗의 종류와 개수는 같아야 한다.

물을 주는 양과 횟수도 같아야 한다.

같아야 하는 조건과 달라야 하는 조건을 잘 지킨 상태로 실험을 했다면 결과는 간단하다. 농도 진한 솔잎차를 뿌려준 쪽은 씨앗이 거의 싹트지 못하고, 솔잎차를 뿌리지 않은 쪽은 싹이 많이 트는 것을 확인할 수 있다. 즉 결론은 '솔잎차는 씨앗이 싹트는 것을 방해한다'는 것이다.

이제 실험 결과를 해석하는 과정에 이르렀다. 실험의 결과가 그렇게 나온 이유에 대해 아이 스스로 생각해보게 한다. 아이는 다양한 의견을 말할 것이다. 어떤 의견이든 모두 존중해주어야 한다. 만약 아이가 이유를 찾지 못한다면 힌트를 줄 수 있다. 솔잎차는 소나무를 대신해 실험 도구가 된 것이며, 소나무와 다른 식물의 관계를 알아보기 위해 솔잎차를 가지고 실험한 것이라는 정도의 힌트를 주는 것은 상관없다.

대다수의 아이들은 이와 같은 실험 결과를 보고, 소나무가 다른 식물의 씨앗이 싹트는 것을 방해한다는 것을 유추해낼 수 있다.

"왜 소나무가 다른 식물이 자기 주변에서 싹트는 것을 방해할까?"

이렇게 질문을 던지면, 아이들은 답을 생각해낼 수도 있고, 전혀 허무맹랑한 이야기를 할 수도 있다. 마지막으로 부모나 교사는 흙 속의 양분과 물, 햇빛을 차지하기 위한 식물들의 경쟁 때문이라는 결론을 이야기해준다. 식물 사이에도 이러한 경쟁 관계가 존재하고, 그 예로 소나무를 선택한 것임을 아이들이 이해하고 받아들일 수 있도록 다양한 예를 들어 실험을 마무리하면 된다.

수학의 매력을 맛보게 하라

열정과 몰입이 창의적 인재를 낳는다

엄숙하고 무거운 교실 분위기, 칠판에 끝없이 이어지는 연습 문제, 연습 문제, 또 연습 문제. 학창 시절의 수학 시간이 악몽으로만 남아 있는 사람들이 많을 것이다. 반면 어떤 이들은 깔끔하게 노트 정리도 했겠다, 공식도 외웠겠다, 계산 연습도 많이 했겠다, 이 정도면 되겠지 나름 만족하기도 했을 것이다. 하지만 조금만 더 어려운 문제가 나오면 두 손 두 발 다 들고 멍하게 앉아 있곤 했을 것이다. 끝을 알 수 없는 문제의 홍수 속에서 학생들은 조금씩 지쳐갔고, 그때부터 수학은 점점 멀어져갔다.

수학은 논리의 완벽성을 추구하는 학문이다. 우주의 비밀을 탐구하는 언

Chapter 5 수학·과학 영재를 위한 살아 있는 기초 교육

어, 혹은 세상에서 가장 아름다운 자연의 언어라고 불리기도 한다. 이렇게 멋진 수학의 매력을 맛보지도 못한 채 우리 대부분은 그렇게 수학으로부터 멀어지곤 한다. 마치 화려한 디자인의 세계에 발을 들여보지도 못하고 바느질만 하다 꿈을 접어버리는 견습생처럼, 수많은 학생이 황홀하고 매력적인 수학의 세계를 경험해보기도 전에 그저 '산수'만 하다가 돌아서고 만다. 이는 어찌 보면 국가적인 손실이기도 하다.

지금도 교육 현장에서는 구시대적인 방식으로 수학을 가르치고 있다. 그게 마치 상식이라도 되는 것처럼 말이다. 수학 교육의 시스템 자체가 수학을 좋아하는 학생마저 질리게 만들고 있다.

서점에 가보면 단계별, 유형별 수학 문제집들이 수도 없이 나와 있다. 마치 다양한 변종 바이러스에 대항할 항체를 만들기라도 하려는 듯 복잡하게 변형시킨 비슷비슷한 문제들 일색이다. 다양한 문제 풀이는 수리적 사고의 유연성과 다양성을 키워줄 수는 있겠지만, 수학에 대해 근본적으로 고민할 여지를 남겨두지 않는다. 이런 점에서 맹목적인 계산에만 매달리게 만들 위험성을 안고 있다.

가우스가 "산술은 수학의 여왕이다"라고 말했듯이, 계산 연습도 수학의 중요한 부분이다. 하지만 정작 초등학생에게 필요한 것은 수학이라는 학문에 대한 호기심을 끌어내는 것이지, 계산 잘하는 계산기로 만드는 것이 아니다.

『사람들이 미쳤다고 말한 외로운 수학 천재 이야기』라는 소설이 있다. 그 소설에는 '골드바흐의 추측'을 증명하는 데 평생을 바친 삼촌을 보고 수학을 동경하게 되어, 결국 대학에서 수학을 공부하게 되는 주인공이 등장한다. 이 주인공의 내면에서 학문적 동기가 자라나는 과정을 보면서, 우리나라의 학생들이 떠올랐다. 점수나 각종 입시를 위해 맹목적으로 공부하고 있는 우리 아이들이 말이다.

과학이면 과학, 수학이면 수학, 어느 학문이건 순수한 호기심과 지속적인 관심을 갖고 끊임없이 탐구하고 관찰하는 것은 참으로 값진 경험이다. 그렇게 '진짜 지식'을 얻을 때 느끼게 되는 지적 즐거움을 아이들에게 맛보게 하는 것이 교사나 부모의 참다운 역할이 아닐까?

학교나 기업에서는 다양한 전형 방식으로 창의적 인재를 뽑으려 하고, 교육 현장에서는 그런 인재를 양성하기 위해 다각도로 노력하고 있다. 그렇다면 창의적 인재는 어떤 사람을 말하는 것일까?

틀에 박힌 기존의 사고에서 탈피하려는 시도만을 창의적 사고라고 생각하는 것은 일종의 편견이다. 교육학자들이 말하는 창의적 인재란, 대상에 대한 '관심과 애정'이 있는 사람, 자신의 일에 '미친' 사람, 즉 동기가 확실하게 부여된 사람이다. 그러므로 학습에서도 자신이 관심 있는 분야에 얼마나 몰입할 수 있도록 안내하느냐가 중요하다.

최근 대학 및 영재학교의 입시 전형을 보면 입학사정관제의 비중이 확대되고 있다. 필기 형태의 시험에서 벗어나 그 학생이 어떠한 분야에 관심을 갖고 얼마나 열성적으로 노력해왔는지를 다면적으로 평가하겠다는 것이 주된 목적이다. 성급히 시행하는 낯에 여러 가지 부작용이 생기는 것도 사실이다. 하지만 이러한 입시 전형의 변화를 통해, 미래 사회에 필요한 창의적 인재의 기본 조건은 무엇인지, 그리고 영재학교와 대학의 입학 전형이 어떤 흐름으로 가고 있는지 짐작할 수 있다.

수학은 인문학이다

 그렇다면 우리 학생들에게 수학에 대한 동기를 부여하려면 어떻게 해야 할까? 먼저 수학의 역사가 어떻게 시작되었고, 시대의 흐름 속에서 어떤 노력을 하고 어떤 업적을 이루어왔는지 알려주면서 차근차근 호기심을 키워나가야 한다. 최근 들어 수학 문제집 못지않게 수학 관련 교양 도서들이 다양하게 출간되고 있다. 시험을 위한 학교 공부에서 잠시 벗어나 교양으로서의 수학을 접해보는 것도 좋은 경험이 될 것이다.

 어떤 수학자가 어떤 연구를 했는지 알아보고, 하나의 문제를 해결하기 위한 기본적인 연산과 정리를 책 속의 수학자와 함께 공부한다면 수학이라는 학문에 좀더 친근하게 다가갈 수 있다. 수학이 형이상학적인 기호 놀이가 아니라 실제 생활에 쓰이는 살아 있는 학문이라는 것을 경험하게 된다면, 아이의 학습 동기는 무한히 커질 것이다.

 수학 교육의 구체적인 예를 한 가지 들어보자. 초등학교 4학년 수학에 평면도형의 둘레와 넓이를 공부하는 과정이 있다. 이때는 처음부터 삼각형, 사각형의 넓이를 구하는 방법을 공부할 것이 아니라, '왜 평면도형의 넓이를 공부해야 하는가?'라는 질문부터 던져보아야 한다. 딱딱한 수학 공식에 들어가기 전, 먼저 고대 이집트로 여행을 떠나보자.

 이집트의 왕은 백성이 가진 땅의 크기에 비례해 세금을 거둬들였다. 그런데 장마철마다 나일 강이 범람하는 바람에 토지의 경계선이 무너지곤 했다. 그래서 왕은 측량사에게 토지의 넓이를 측정할 방법을 연구하게 했다.

 직사각형, 정사각형, 마름모형, 원형 등 모양도 넓이도 제각각인 토지를 어떻게 측량할 것인가? 측량사는 고민하기 시작했고 그렇게 고민하다가 탄생한 것이 바로 기하학Geometry이다. 말하자면 '기하학'은 세금을 거둬들이기 위한 정치적 필요성에 의해 생겨난 것이다. 기하학을 뜻하는 단어 'Geometry' 역시 'Geo(땅)'와 'Metry(측량)'의 합성어다.

이렇듯 옛날이야기를 통해 수학이 우리 생활과 밀접한 학문일 수밖에 없다는 사실을 알게 되면 학생들은 호기심을 갖고 귀를 기울이게 된다.

학생들의 호기심이 어느 정도 차오르면 이번엔 직접 측량사가 되어 다양한 토지의 넓이를 측정해보게 하자. 먼저 직사각형의 넓이를 측정해보자고 하면, 학생들은 '가로×세로'라고 자신 있게 말할 것이다. 하지만 "왜 그렇게 계산하지?" 하고 되물었을 때 대답할 수 있는 친구는 그리 많지 않다. 고민해볼 시간을 주었는데도 해결하지 못한다면 스스로 답을 찾아낼 수 있게 '단위수'에 대해 설명해준다.

가장 기본이 되는 수 '1'을 우리는 '단위수'라고 부르며, 마찬가지로 단위무게(1g, 1kg), 단위길이(1m, 1cm), 단위부피(1m³, 1cm³), 단위넓이(1m², 1cm²)가 존재한다. 그림과 함께 설명해주면 학생들은 '가로×세로'가 단위넓이의 개수를 찾는 방법이라는 것을 쉽게 알게 된다.

다음으로는 직사각형의 둘레와 넓이의 관계에 대해 고민해보는 시간을 갖는다. 역시 옛닐 이야기가 효과적일 것이다.

옛날에 착하고 부지런한 농부 앞에 땅의 신이 나타났다. 땅의 신은 해가 뜰 때부터 질 때까지 걸어서 밟은 네모 모양의 땅을 모두 주겠다는 약속했다.

여기서 질문!

"만일 내가 농부라면 보다 넓은 땅을 얻기 위해 어떻게 걸어서 어떤 모양의 땅을 만들었을까?"

걸음걸이의 속도가 일정하면 사각형의 둘레의 길이도 일정해진다. 그러므로 그때 넓이가 가장 큰 사각형을 찾는다. 똑같은 길이의 철사나 실을 주고 다양한 모양의 사각형을 만들어보게 한 다음, 그 사각형 안에 구슬을 채워 가장 많이 들어가는 학생이 누구인지 알아본다. 아이들은 정사각형에 가까워질수록 넓이가 커지고, 더 넓게 만들려면 원이 되어야 한다는 것을 직관적으로 알게 된다.

교과서에 나와 있는 수학 문제를 난이도에 따라 단계적으로 풀지 않고, 수학사와 관련된 이야기를 바탕으로 수학의 발전 과정을 함께 밟아보는 경험은 아주 유익하다. 그 경험을 토대로 수학적 원리를 스스로 탐구하고 관찰해보는 시간을 가질 수도 있다. 실제 생활에서 수학이 어떻게 쓰이고, 수학의 원리가 어떻게 적용되는지 직접 사례를 찾아보고 개념들을 깨달으면서 학생들은 점차 수학이라는 학문에 다가가게 된다.

이렇듯 수학 학습에서는 '수'에 대한 탐구가 우선이고 문제풀이는 그 다음이다. 그 사실을 학생들과 함께 탐구할 수 있어야 한다. 앞으로는 어려운 문제를 능수능란하게 풀어내는 학생보다 '유클리드'에 대해 이야기할 수 있고, 그가 연구한 분야에 대해 깊이 있는 식견을 가진 영재가 더 존중받을 것이다. 왜냐하면 수학적 원리를 깊이 이해하고 이것을 기초로 처음 보는 유형의 문제까지 창의적으로 해결하는 능력이 인정받는 사회로 세계가 변화해가고 있기 때문이다.

수학은 과학의 언어다. 그러나 인문학이기도 하다. 철학자였던 플라톤은 자신의 아카데미에 들어오려는 학생들에게 먼저 유클리드 기하학부터 공부하라고 했다. 수학은 과거와 현재, 미래의 시간을 초월하고 동서양의 지리적 공간도 초월하며, 과학을 포함한 학문의 분야까지 초월해 그 응용성이 무궁무진하다. 그래서 나폴레옹이 "수학이 국력이다"라고 강조한 것이다.

하지만 그동안 우리 영재아들은 이렇게 중요한 학문에 충분한 매력을 느끼지 못했다. 이미 외국에서는 책뿐만 아니라 영화, 드라마 등의 다양한 매체를 통해 수학에 대한 아이들의 호기심을 자극하고, 이를 토대로 원리를 이해하고 창의적으로 응용할 수 있게 교육하고 있다. 수학 문제를 내주기 전에, 무엇이 우리 아이를 수학의 세계로 이끌어줄지 생각해보자. 아이가 흥미를 갖는 것만으로도 수학, 과학의 영재로 성장할 수 있는 자격은 충분하다.

영재들을 위한 수학 학습법

1. 책, 영화 등 다양한 매체를 통해 수학에 대한 호기심을 갖게 하라.
2. '계산을 잘하는 것이 수학을 잘하는 것이다'라는 생각은 금물이다.
3. 지나친 선행 학습보다는 깊이 있는 교과 학습이 되게 하라.
4. 많은 문제를 풀기보다는 한 문제를 충분한 시간을 두고 깊이 있게 풀게 하라.
5. 항상 '왜'라는 역질문을 통해 왜 공부해야 하는지를 상기시켜라.

Chapter 6

대한민국 영재교육 로드맵

영재교육 기관을 활용하라

영재교육의 출발

우리나라에서 공교육 차원의 영재교육이 본격적으로 시작된 것은 1980년대 부터라고 할 수 있다. 1970년대의 평준화 조치 이후 고교 교육의 수월성 저하와 교육의 질적 하향 평준화로 인해 1980년 초반부터 영재교육에 관한 연구가 시작되었다. 1982년에 영재교육의 종합 방안이 구체화되면서, 1983년 우리나라 최초의 영재교육기관인 경기도 과학관 부설 경기과학고등학교가 설립되었다.

이후 한국영재학회와 한국교육개발원 등을 중심으로 영재교육에 관한 법령 제정 움직임이 계속 진행되었으며, 1997년에는 영재교육을 의무화하는 규정이 교육기본법에 포함되었다.

  2000년 1월에 이르러 영재교육 정책을 추진하기 위한 구체적 법적 기반인 '영재교육진흥법'이 제정·공포되고, 이를 바탕으로 하여 2001년 영재교육 정책의 추진 방안이 확정되었다. 그리고 2002년에는 '영재교육진흥법시행령'이 제정·공포되면서 영재교육의 본격적인 출발을 위한 법적, 제도적 기반이 마련되었다.

영재교육기관의 종류

'영재교육진흥법'은 영재교육 대상자의 선발, 영재교육기관의 설치 및 운영

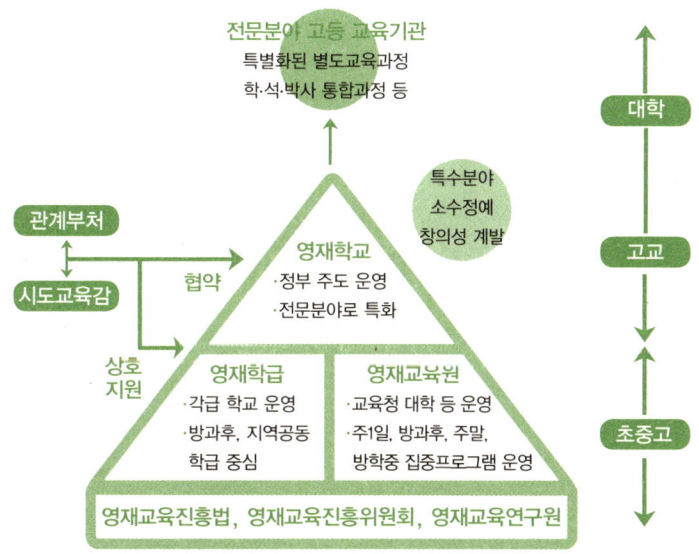

등 영재교육 전반에 관한 내용을 명시하고 있다. 제2조 3항에 따르면 "영재교육기관이라 함은 영재학교, 영재학급 및 영재교육원을 말한다"라고 규정하고 있다. 이러한 규정에 따라 영재교육은 현재까지 영재학급, 영재교육원, 영재학교의 형태로 구분하여 운영되고 있다.

영재교육진흥법에 제시된 세 가지 형태의 영재교육기관을 좀더 자세히 살펴보자.

▶ **영재학급**

영재학급은 초·중·고등학교에 설립되어 있으며, 지리적 여건 때문에 영재교육원에 갈 수 없는 중소도시 및 농어촌 지역의 학생들에게 영재교육의 기회를 제공하는 한편 영재를 발굴하는 데 중점을 두고 있다.

수업은 방과 후, 특별활동 시간, 재량활동 시간, 또는 방학 등을 이용한다. 보통 일주일에 2~4시간 정도이고, 주로 배우는 과목은 수학과 과학이며, 한 학급당 학생 수는 20명 이내다.

2007년 교육인적자원부에서 발표한 제2차 영재진흥종합계획에 따르면, 2007년 당시 영재학급을 운영중인 초·중·고 교육기관은 408곳에 학생 수 13,255명이었지만, 2012년까지 두 배 가까이 확대할 계획이다. 영재학급의 학생 선발은 학교장의 추천과 영재성 검사, 면접 등을 통해 이루어지지만 점차 관찰 추천 중심으로 변해가고 있다.

▶ **영재교육원**

영재교육원은 운영 주체에 따라 교육과학기술부가 주도적으로 관장하는 교육청 산하의 영재교육원과, 대학들이 주도적으로 운영하는 대학 부설 영재교육원으로 크게 나뉜다. 부가적으로 특목고와 사설 교육기관에서도 영재교육원을 운영하고 있다.

먼저 교육청에서 운영하는 영재교육원은 방과 후, 특별활동 시간, 재량활동 시간, 주말, 방학중에 교육할 수 있고, 정규 교과 시간에도 수업을 할 수 있다. 연간 수업 시간은 각 시도 교육청별로 다양하며 70~145시간 정도다.

교육청 산하 영재교육원의 학생은 매년 12월부터 2월 사이에 선발한다. 학교장 추천과 영재성 검사, 면접의 세 단계를 거쳐 선발하며, 2010년을 기점으로 기존에 실시하던 학문적성검사를 폐지하고 영재성 검사에 '수학, 과학 창의성 검사' 영역을 강화했다.

다음으로 대학 부설 과학영재교육원은 주로 방학과 주말을 이용해 연간 100시간 이내로 수업을 하며, 학급당 15명 내외로 편성해 운영한다. 교육과정은 학년별로 나누지 않고 통합 운영하며 대학교수들이 지도한다. 영재교육원 운영 예산은 국가가 부담하고 교사 선발 및 훈련, 영재교육과정 편성, 교육 프로그램 개발, 학생 선발 등의 제반 사항에 관한 운영권은 대학에 일임해 운영한다.

주로 매해 10월경에 초등학교 4학년 학생 이상을 대상으로 초등 과정과 중등 과정을 선발한다. 2010년부터는 대학 부설 영재교육원 선발에서 지필시험이 전면 폐지되어, 영재교육원 이수자와 학교장의 추천을 받은 학생을 대상으로 서류 심사와 면접의 두 단계를 거쳐 최종 대상 학생을 선발하고 있다.

▶영재학교

영재학교의 기본 운영 방향은 고등학생을 중심으로 특정 분야에 잠재력을 지닌 소수 정예 학생들에 대해 전문 분야별로 집중적으로 교육하는 것이다. 이를 위해 정부 부처와 시도 교육청 간 협약을 맺어 대상 학교를 선정하고, 서로 협력해 전문 분야 영재를 육성하는 제도를 취하고 있다.

영재학교는 제7차 교육과정과는 다른 교과과정이 적용되며, 고등교육과의 연결고리를 최대한 유지해 영재학교 졸업생들이 대학 입시에 대한 부담 없이 주어진 교육과정에 따라 영재성을 최대한 발휘할 수 있도록 운영하고 있다.

영재학교는 총 4곳인데, 2003년 부산과학고등학교에서 영재학교로 전환된 한국과학영재학교와 2009년 3월 서울과학고등학교에서 전환된 서울과학영재학교가 있다. 2010년에는 경기과학고등학교가 영재학교로 전환되었고, 2011년부터는 대구과학고등학교가 역시 영재학교로 지정되었다.

고등 과정의 영재교육은 영재학교 이외에도 과학, 외국어, 예술, 체육 등의 특수 목적 고등학교에서 특수 재능 교육을 하고 있고, 2010년 현재 과학고등학교는 18개, 외국어고등학교는 33개가 운영중이다.

그러나 이들 영재교육기관에서 교육받고 있는 초·중·고 영재교육 대상자의 수는 미국, 영국 등에 비해 매우 낮은 편이다. 이에 따라 정부는 영재교육 대상자를 선진국 수준으로 확대해 영재교육의 기회를 넓히겠다고 발표한 바 있다.

2007년 교육인적자원부에서 발표한 제2차 영재교육진흥종합계획에 따르면, 2012년까지 전체 초·중·고생의 1%인 7만여 명에게 특성화된 영재교육을 제공한다는 목표로 정책을 추진하고 있으며, 실제로 교육과학기술부가 제공한 자료에 따르면, 영재교육 대상자 수가 2009년 현재 69,490명으로, 전체 학생 수 7,417,442명 중 0.93%의 비율을 보이고 있다.

▶ 영재교육 수혜자 목표

구 분		2008년	2009년	2010년	2011년	2012년
초·중·고 학생 수(추산)		7,769,000	7,738,000	7,569,000	7,343,000	7,115,000
영재교육 수혜자 비율 목표치		0.8%	0.9%	1%	1%	1%
영재교육 수혜자 목표 인원	전체	65,150명	69,640명	75,690명	73,430명	71,150명
	초	33,850명	35,110명	37,890명	36,530명	34,250명
	중	27,700명	28,730명	31,000명	29,900명	28,800명
	고	3,600명	5,800명	6,800명	7,000명	8,100명

* 제2차 영재교육진흥종합계획(2007), 교육인적자원부

이에 더해 정부는 2010년 9월에 내놓은 '제2차 이공계 인력 육성·지원 기본 계획(안)'에서 초·중학교 영재교육 대상자를 현재 1% 수준에서 오는 2015년까지 2% 정도로 확대한다는 계획도 발표했다. 아울러 2009년 영재교육의 분야별 현황은 다음과 같다.

구분	수학	과학	수·과학	발명	정보	언어	예술	체육	인문사회	기타
학급 수	724	861	1,316	150	225	142	99	8	39	72
학생 수	13,239	14,568	25,941	2,948	3,625	2,553	1,901	160	740	1,186
비율	19.8%	21.8%	38.8%	4.4%	5.4%	3.8%	2.8%	0.2%	1.1%	1.8%

위의 표에서 보듯이, 전체 영재교육 대상자 중 수학과 과학 분야의 영재교육 대상자가 80.4%에 이를 정도로 수학과 과학 영역에 크게 편중되어 있다. 최근에는 정보 분야의 발달과 더불어 해당 분야의 영재교육 대상자 수도 많은 비중을 차지하고 있다.

지금까지 살펴본 바와 같이 정부가 영재교육에 대해 일관되게 취하는 입장은 국가 경쟁력 강화 차원에서 영재교육의 기회를 점차 확대하고 지원을 늘려나간다는 것이다. 특히 최근에 이공계 인력 육성의 필요성에 대한 사회적 분위기까지 더해져, 영재교육에 대한 관심과 지원이 과학 영재교육을 중심으로 더욱더 확대될 것으로 보인다.

영재교육원, 어떻게 들어갈까?

• • • • • • • • •
영재교육원 입학 전략

우리나라의 영재교육은 영재학급과 영재교육원에서부터 시작된다. 영재아 개개인의 고유한 능력을 꼭 이렇게 국가가 지정한 영재교육기관에서 검증받고 교육받아야 하는 것은 아니다. 아직은 입시 위주의 교육 현실에다 영재교육의 역사도 그리 길지 않은 탓에, 다양한 영재성에 걸맞은 다채로운 교육을 준비했다고 볼 수도 없는 실정이다. 하지만 뛰어난 영재성을 지닌 아이들이 한자리에 모여 함께 교육받을 수 있다는 사실만으로도 교육받는 아이들은 강한 도전의식과 학습 동기를 얻게 된다.

정부에서 실시하고 있는 영재교육은 대부분 수학, 과학에 집중되어 있다.

Chapter 6 대한민국 영재교육 로드맵

물론 국립예술원 같은 곳에서 예술 영재교육을 실시하고 있기는 하다. 하지만 교육과학기술부 주도 아래 일반 학교에 공고하고, 각 학교 현장에서 학생을 선발해 운영되는 교육은 아직 수학, 과학 영재를 위한 프로그램이 대부분이다. 미국과 같은 선진국의 영재교육 프로그램은 비교적 다양한 기관에서 전 영역에 걸쳐 실시되고 있긴 하지만, 고학년으로 갈수록 수학, 과학 쪽의 비중이 훨씬 더 큰 것은 마찬가지다.

영재교육원으로는 각 초·중·고교에 개설되는 영재학급, 각 시도 교육청에서 선발하는 지역교육청 부설 영재교육원, 그리고 대학들이 교육청 예산으로 운영하는 대학 부설 영재교육원이 있다. 서울 지역은 서울대학교와 연세대학교에서, 그리고 경기도는 아주대학교, 대진대학교, 경원대학교 등에서 영재교육원을 운영하고 있다.

2008년까지는 영재교육원에 입학하려면 각 영재교육원별로 별도의 입학시험을 치러야 했다. 영재학급의 교육 대상 학생들은 해당 학교에서 영재성 평가 시험을 통해 선발했고, 교육청 산하 영재교육원은 학교의 추천을 받은 초등 3~5학년 학생들을 대상으로 영재성 판별 검사와 수학, 과학 학문적성 검사를 실시하고 이를 종합 평가해 학생을 선발해왔다.

대학 부설 영재교육원 역시 각 대학별로 별도의 영재성을 판별하는 전문 시험을 거쳐 학생을 선발해왔다. 그런데 최근에는 영재교육원의 학생 선발 제도가 지금까지의 일회성 선발고사를 지양하고, 장기간의 관찰을 통한 추천과 면접을 더욱 강화하는 방향으로 변화하고 있다.

실제로 2011학년도부터 대학 부설 영재교육원은 선발 시험을 폐지하고 100% 추천과 서류 심사를 통해 영재를 선발한다고 한다. 또한 교육청 산하 영재교육원도 2010학년도부터 학문적성검사를 폐지하면서 영재성 판별 검사의 비중이 높아졌고, 점차 교육청 산하 영재교육원도 별도의 시험 없이 영재 담당 교사의 관찰과 추천으로 선발 방식이 바뀐다고 예고하고 있다.

즉 영재학급 학생이 선발되고 나면 거기서 다시 추천을 받아 교육청 영재교육 대상자를 선발하고, 교육청 산하 영재교육원 수료자 중에서 대학 부설 영재교육원 대상자를 선발하는 식의 일원화된 체제로 영재교육원 교육 시스템이 바뀌고 있다. 이제 영재교육의 큰 틀은 '영재학급 → 교육청 산하 영재교육원 → 대학 부설 영재교육원'이라는 과정을 거쳐 점차 심화되는 단계로 운영될 전망이다.

그러나 관찰을 통해 대상 학생을 선발하는 방법은 영재 판별관을 각 학교에 배치하기 위한 예산을 확보해야 하는 등의 현실적인 문제가 따른다. 그러므로 좀더 구체적인 시행안이 필요하고, 이에 따라 도입되기까지 다소 시간이 필요할 것으로 보인다. 따라서 당분간은 지금과 같이 영재성 판별 검사라는 시험을 통해 영재학급이나 교육청 산하 영재교육원의 학생을 선발할 것이다.

그렇다면 영재교육원에 들어가기 위해서는 구체적으로 무엇을, 어떻게 준비해야 할까?

의외로 영재성 판별 검사에 대한 정보는 그리 많지 않다. 그것이 어떤 시험이고, 어떤 유형의 문제가 출제되는지, 영재들이 따로 준비하지 않고도 쉽게 자신의 영재성을 증명할 수 있는 시험인지, 혹은 어떤 준비가 필요한지에 대해 간략히 설명하겠다.

먼저 영재학급이나 교육청 산하 영재교육원에 선발되려면 우선 학교의

'추천'을 받아야 한다. 추천하는 방법은 각 학교마다 다르다. 수학, 과학 경시대회 같은 교과 관련 시험 우수자를 추천하기도 하고, 각종 교내 대회(예를 들어 탐구토론대회, 과학상자대회 등)의 입상 경력을 보고 추천하기도 한다. 하지만 공통된 기본 자격은 학교 시험 성적과 성실한 태도다.

수학·과학 영재교육을 받고 싶다면 우선 자신의 학년에서 다루는 기본 내용부터 정확히 알고 있어야 한다. 교과과정을 충실히 이해하고 있다는 것을 증명하는 방법이 바로 중간·기말고사 성적이다. 무엇보다 학교생활을 잘 해야 하고, 덧붙여 영재교육을 원하는 분야의 활동에 적극적으로 참여해야 한다.

또한 자기소개서를 작성할 때 교육을 원하는 분야에 대한 관심과 열정을 설득력 있게 표현해야 한다. 단순한 기록이나 결과를 서술하지 말고, 관심을 갖고 열심히 만들고 있는 탐구 기록물이 있다면 그 과정을 보여주는 것도 좋은 방법이다.

내가 아는 학생 중에 수학영재원에 다니는 학생이 있다. 그 학생은 자신이 좋아하는 활동에 적극적으로 참여하고 활동 기록을 그날그날 사진과 함께 자신의 블로그에 기록해놓는다. 예를 들어 실험을 했을 경우, 실험의 주제나 준비물, 실험 과정 등을 적고 다른 사람에게 요리 레시피를 소개하듯 블로그에 자세히 기록하는 것이다. 이처럼 나만의 방식으로 나만의 탐구 기록물을 만드는 것도 아주 좋은 방법이다.

추천을 받았다면 다음으로 필요한 것은 '영재성 판별 검사'에 대한 대비다. 사실 학교에서 추천을 받고 선발 전형에 돌입하는 것은 대략 영재성 판별 검사 한 달 전부터다. 하지만 그때부터 그 시험을 준비한다는 것은 현실적으로 시간이 너무 촉박하다. 그래서 보통은 5~6개월 전부터 시작한다.

영재성 판별 검사 준비 전략

영재성 판별 검사는 크게 창의성 영역, 지적 영역, 수학·과학 창의성 영역으로 나뉜다.

▶창의성 영역

창의성 영역은 유창성(아이디어 많이 내기), 융통성(다양한 각도에서 현상 파악하기), 정교성(아이디어를 세련되게 다듬기), 독창성(자신만의 독특한 아이디어 내기)을 측정하는 문제들로 구성되며 정해진 정답은 없다. 기출문제를 살펴보면 다음과 같다.

[창의성 영역] 유창성 → 자유롭게 많이 생각하기

Q1. 구멍이 뚫린 항아리가 있습니다. 이 항아리에 물을 가득 채울 수 있는 방법은 무엇입니까? (2010 기출)

Q2. 아래에 주어진 표지판처럼 학교에서 필요한 표지판을 만들어봅시다. 각 칸마다 다양한 표지판을 만들고 내용을 적어봅시다. (2010 기출)

[창의성 영역] **융통성** → 다양한 관점에서 문제에 접근하기

Q1. 처음에는 관계가 없었던 스케이트와 바퀴를 결합해 인라인스케이트를 만들자, 지금은 잘 팔리고 있습니다. 이와 같이 전혀 관계가 없었던 두 가지 물건을 결합해 창의적인 발명품으로 만드시오. 그 발명품에 재미있는 이름을 붙이고, 발명한 이유도 쓰시오. (2009 기출)

Q2. 주사기는 병원이나 실험실에서 유용하게 사용되는 물건입니다. 주사기와 다른 물건을 결합해 만든 새로운 주사기를 사용하여 할 수 있는 여러 가지 활동을 쓰시오. (2010 기출)

[창의성 영역] **정교성** → 아이디어를 가치 있는 것으로 발전시키기

Q1. 우리가 신고 있는 실내화는 여러 가지 좋은 점과 불편한 점이 있습니다. 실내화의 좋은 점과 불편한 점, 그리고 그 불편함을 개선할 수 있는 새로운 실내화의 이름을 쓰고 그림을 그리시오. (2010 기출)

Q2. 우리의 전통 음식 가운데 김치, 불고기, 비빔밥은 세계적으로 알려진 음식이 되었습니다. 이 3가지 음식을 제외한 다른 전통 음식 가운데 하나를 골라서, 그 음식을 세계적으로 알릴 수 있는 방법을 마인드맵으로 나타내시오. (2010 기출)

사실 각각의 기출문제를 창의성 영역 한 가지로만 나누는 것에는 무리가

있다. 예를 들어, 물을 가득 채울 수 있는 방법을 쓰라고 하는 문제도 다양하게(융통성), 많이(유창성), 가치 있는(정교성) 방법을 자신만의 생각으로(독창성) 표현해야 하기 때문이다. 이러한 창의성 영역의 문제를 다룰 수 있으려면 평소에 창의적인 생각을 많이 해야 한다. 창의성을 향상시키는 방법에는 브레인스토밍, 강제결합법*, PMI*, 마인드맵* 등이 있다.

이러한 연습과 함께 평소에 주변 사물이나 현상에 많은 관심을 갖고 세밀히 관찰하는 습관을 길러야 한다. 또한 사람마다 바라보는 관점이 모두 다르다는 것을 인정하고, 토론을 통해 다양한 아이디어를 얻는 경험을 해보아야 한다.

엉뚱한 상상을 구체적이고 세련된 아이디어로 바꿔주는 작업도 필요하다. 실제로 우리가 사용하는 물건들 중에는 엉뚱한 상상이나 예상하지 못한 결과에서 얻어낸 것이 많다.

그중 대표적인 예가 주름진 빨대다. 주름진 빨대는 몸이 아픈 아들을 걱정하던 어머니의 아이디어였다. 누워서 음식을 먹어야 하는 아들을 위해 수도꼭지의 주름진 관을 보고 빨대에 적용해 만든 것이다. 이렇게 가치 있는 아이디어를 얻기 위해서는 늘 관찰하는 습관과 마음을 열고 토론하는 자세가 필요하다.

|||||||||||||||||||||||||||||||||||||

* **강제결합법** : 겉으로 전혀 관계가 없어 보이는 두 가지 이상의 아이디어나 사물을 강제로 관련시키면서 아이디어를 산출하는 방법이라 새로운 아이디어를 고민하는 데 좋은 방법이다. (예 : 영화+지우개)
* **PMI** : De Bono가 고안한 기법으로 특정 사물이나 아이디어에 대해 긍정적인 면, 부정적인 면, 흥미로운 점을 살펴보는 방법이다. 아이디어를 평가하는 매우 효과적인 방법이다.
* **마인드맵** : 자신의 생각을 지도 그리듯이 이미지화해서 사고력, 창의력, 기억력을 개발하는 방법이다. 핵심단어를 중심으로 거미줄처럼 사고가 파생되고 확장하는 것이다.

▶**지적 영역**

지적 영역은 언어능력, 수리능력, 공간지각능력 등으로 이루어진다. 우선 언어능력은 학생이 가진 사고력을 판단하는 기준이 되며, 문제의 요지를 파악해 논리정연하게 표현할 수 있는지를 평가한다.

[지적 영역] 언어능력

Q1. 다음 〈보기〉와 같이 단어가 연결되도록 빈칸에 알맞은 말을 써 넣으시오.
(2010 기출)

〈보기〉
비누 – (　　) – 토마토

(1) 백합 – (　) – 가루 – (　) – 방울 – (　) – 껍질
(2) 충치 – (　) – 주사 – (　) – 국 – (　) – 맛
(3) 자동 – (　) – 유리 – (　) – 작품 – (　) – 회

Q2. 여러 명의 학생이 급식을 받기 위해 한 줄로 서 있습니다. 그러던 중 줄을 서 있던 철수에게 영수가 와서 뭐라고 했더니 철수가 뒷사람에게 급식을 양보했습니다. 과연 영수가 철수에게 무슨 말을 하였을지 다양하게 써보시오.
(2010 기출)

이러한 언어능력을 향상시키기 위해서는 무엇보다 다양한 분야의 독서와 글쓰기가 필요하다. 그리고 독서량보다는 책을 읽은 뒤의 과정이 더 중요하다. "다 읽었다!"라는 식의 과제 하나 끝낸 느낌에 만족하지 말고, 이 책에서

내가 진정으로 얻을 수 있는 게 무엇인지 생각할 수 있어야 한다.

책 속의 내용을 주변에서 찾아 직접 체험해보는 등 실제 행동으로 옮겨 자신의 것으로 만들어야 하는데, 책을 읽고 아래와 같이 스스로 질문을 만들

과학자와 놀자 (지은이 : 김성화 | 출판사 : 창작과 비평사)

① 시대별로 과학자들의 이야기를 재미있게 풀어놓은 책입니다. 우리의 삶과 비슷한 점도 있고, 다른 점도 있죠. 지금 나의 생활과 인상 깊은 과학자의 생활을 비교해볼까요?
② 책을 읽고 나서 여러분이 닮고 싶은 과학자가 생겼나요? 그렇게 생각한 이유는 무엇인가요?
③ 앞으로 100년 후 출간될 『과학자와 놀자』에 여러분의 이름이 들어갈 것입니다. 어떤 내용으로 책 속의 인물이 되어 있을까요? 직접 이야기를 지어보세요.

처음 만나는 환경 교과서

일주일 동안 아래 주제로 환경 일기를 써 보아요(글과 함께 그림이나 사진으로 표현해도 좋습니다).
(예)나만의 친환경 정원을 꾸며보아요. 직접 꾸미는 것이 어렵다면 상상의 정원도 좋습니다.

어 대답하면서 정리하는 것도 좋은 방법이다.

글이 아닌 다른 방법으로 표현하는 것도 추천할 만한 학습법이다. 책을 읽고 요약하는 식의 판에 박힌 독서 감상문은 결코 좋은 방법이 아니다.

수리·공간지각 능력에 대한 시험 문제들은 대부분 정답이 있다. 영재성 판별이라기보다는 수학 실력을 검증하는 시험에 가깝다. 따라서 실수 없이 정확히 풀어야 좋은 점수를 얻을 수 있다.

수리·공간지각 능력 영역의 문제는 수학 창의력 문제를 평소에 많이 접하여 유형을 알아두는 것이 필요하며, 비슷한 유형의 문제를 반복적으로 연습해야 한다.

[지적 영역] 수리·공간지각 능력

Q1. 2010명의 학생들에게 선물을 나누어주려고 합니다. 학생들에게 번호를 나누어준 뒤 학생들이 원을 이루고 앉아 있으면 첫번째 학생에게 선물을 준 뒤 40번째 학생에게 선물을 주고, 또 40번째 학생에게 선물을 주는 식으로 선물을 나누어 줍니다. 예를 들어 1, 41, 81, …, 2001번 학생들에게 선물을 주어 끝없이 계속할 때 선물을 받지 못하는 학생은 몇 명인지 구하시오. (2010 기출)

Q2. A4용지를 다음과 같이 4번 접은 후 아래와 같이 오려낸 뒤 펼칠 때 오려진 원의 개수가 같은 것을 모두 찾아 쓰시오. (2009 기출)

Q3. 다음 [보기]와 다른 모양을 찾으시오. (2008 기출)

▶ 수학 · 과학 창의성 영역

수학 · 과학 창의성 영역은 학문적성검사가 폐지되면서 영재성 판별 검사에 포함되었다. 이 영역은 학교의 교과 내용을 토대로 창의적인 아이디어를 평가한다. 아이디어를 표현하되 수학적, 과학적 원리에 근거를 두고 과학적으로 타당해야 한다. 수학 · 과학 창의성 영역의 문제를 풀기 위해서는 자기 학년의 교과 내용을 충분히 숙지하고 있어야 한다. 정확히 알아야 이를 토대로 올바른 아이디어를 낼 수 있기 때문이다. 또한 수학, 과학과 관련된 신문 기사도 꼼꼼히 살펴서 교과서 안의 한정된 지식이 아니라 '어떤 원리와 개념이 실제로 어디에 활용되고, 어떻게 적용할 수 있는지'에 대해서까지 사고를 확장할 수 있다면 훨씬 유리하다.

[수학 · 과학 창의성 영역]

Q1. [보기]와 같이 일정한 간격으로 16개의 점이 찍혀 있습니다. 이 점들을 연결하여 만들 수 있는 서로 다른 이등변삼각형을 모두 그리시오. (단, 돌리거나 뒤집어서 겹쳐지는 것은 하나로 봅니다.) (2010 기출)

Q2. 주변에서 볼 수 있는 혼합물 5가지를 쓰시오. (2010 기출)

Q3. 2008년 4월 카자흐스탄 바이코누르 우주 기지에서 한국 최초의 우주인인 이소연 씨가 소유즈 호를 타고 국제 우주정거장에서 여러 실험을 하고 돌아왔습니다. 지금은 우주여행이 훈련된 우주인에게만 허락되는 어려운 일이지만 가까운 미래에는 누구나 가능해질 것이라고 합니다. 그렇다면 우주에 갔을 때 우리에게 꼭 필요한 물건과 기술에는 어떤 것이 있을지 각각 3가지 이상 쓰고 그 이유를 설명해보시오. (2010 기출)

▶ **심층 면접**

영재교육원 선발의 마지막 과정은 '심층 면접'이다. 영재성 판별 검사 전형에서 1차로 학생들을 선발하고, 면접에서는 학생에 대한 영재 평가의 적격 여부만 판정한다. 하지만 면접에서 탈락하는 학생도 분명히 있다.

기본적으로 영재교육원 입학에 대한 자신의 생각을 묻는 것부터 답이 없는 상황을 제시하고 생각을 묻는 것, 수학과 과학 지식에 대한 문제 등 질문은 다양하다. 쉬운 질문이라도 미리 생각해둔 게 아니라면 면접장에서 당황할 수 있다. 따라서 자주 나오는 질문에 대해 미리 답을 연습해두는 것이 좋다.

> Q1. 과학이 좋은 이유
> Q2. 장래 희망을 위해 지녀야 할 습관
> Q3. 실수로 친구의 그림을 망쳤다. 어떻게 할까?
> Q4. 존경하는 수학자와 그 이유 말하기
> Q5. 1~100까지 숫자의 합을 문제에서 제시한 방법으로 풀고 답 말하기
> Q6. 혼합물을 분리할 수 있는 방법 5가지 말하기
> Q7. 자기 기록 매체에 자석을 가까이 가져가면 안 되는 이유 말하기

면접 때 학생들이 자주 하는 몇 가지 행동이 있다. 이러한 행동은 면접관들에게 자신 없는 모습으로 비쳐 감점 요인이 될 수 있다.

- 손이나 발을 계속 움직인다.
- 예상하지 못한 분위기에서는 급격히 위축되어 목소리가 작아진다.

- 질문을 정확히 파악하지 못해 엉뚱한 대답을 한다.
- 고개를 숙이고 면접관과 눈을 맞추지 못한다.

면접은 자신의 생각을 조리 있게 표현하는 절차이다. 사실 면접관은 시험에서 떨어뜨리기 위해 평가하는 것이 아니라 합격시키기 위해 이야기를 들어주는 사람이다. 주의 사항을 일러주고 면접을 치르지만, 오랜 습관으로 굳어진 행동은 단기간에 고쳐지지 않는다.

평소에 자신의 생각을 정리해 이야기하는 연습과 함께, 왜 영재교육을 받고 싶은지, 왜 이 분야를 지원했는지, 그리고 좋아하는 수학자, 과학자는 누구인지, 관심 있게 본 신문 기사는 무엇인지 미리 생각해보자.

좋은 결과는 관심에서 시작된다. 또한 뚜렷한 동기가 있다면 학생들 스스로 좋은 결과를 얻기 위해 노력할 것이다. 내가 좋아하는 것을 즐겁게 하면서 뜨거운 열정을 보여주고자 노력한다면 반드시 좋은 결과를 얻을 수 있다.

영재교육원 입학을 위해 꼭 해야 할 일

1. 왜 영재교육을 받고 싶은지 스스로 확실한 동기 부여를 하자.
2. 학교생활을 성실하게 적극적으로 하자.
3. 영재교육을 받기 전에 중간, 기말 고사 성적을 관리하자.
4. 다양한 분야의 책을 읽자.
5. 관심 있는 신문 기사를 찾아 읽고 스크랩하자.
6. 주변 사물을 예리하게 관찰하자.
7. 판에 박힌 생각보다는 엉뚱하고 기발한 생각을 하자.
8. 하나의 사실을 보는 다양한 관점을 인정하고, 세련되게 토론하자.
9. 자신의 의견을 정확하게 또박또박 이야기하는 습관을 기르자.

영재학교, 어떤 곳일까?

고교 과정의 영재학교별 특성

현재 전국에는 4개의 영재학교가 있다. 2003년에 처음으로 한국과학영재학교가 개설되었고, 서울과학고, 경기과학고가 각각 2009년, 2010년에 과학고에서 영재학교로 전환되었다. 2011년에 영재학교로 전환되는 대구과학고는 2010년 8월에 처음으로 영재학교 신입생을 모집했다.

조중등교육법에 근거한 일반 고등학교와는 달리, 영재학교는 영재교육진흥법의 적용을 받으므로 설립 취지와 학교 운영 방식 등에서 일반 고등학교와 큰 차이가 있다. 예를 들어, 전국 단위로 학생을 선발할 수 있고, 선발 방침은 학교에서 자유롭게 정할 수 있다. 교육 내용과 방법도 학교의 재량에 따르며, 교원 선발 요건도 일반 고등학교에 비해 자유롭다.

▶한국과학영재학교

한국과학영재학교는 2003년에 우리나라의 첫 고교 과정 영재학교로 개교했다. 현재는 부산시교육청 소속에서 KAIST 소속 부설 학교로 전환되어 KAIST의 첨단 연구 시설과 교수진을 활용하고 있다. 매해 144명의 신입생이 입학하며, 학급당 인원수는 9명, 교사 1인당 학생 수는 6명에 불과하다. 또 전국 고교 최초로 교직원 평가제를 도입해, 평가 결과에 따라 성과급의 차이를 두고 재임용 심사에도 반영한다.

교사진을 살펴보면, 교사 72명 중 63%가 해당 과목 박사 학위 소지자이며, KAIST 파견 교수, 교육청 교원, 연구원 등 다양하다. 2학년부터 수강하는 심화 전문 과목은 KAIST 교수도 함께 수업에 참여하고, 3학년이 되면 KAIST 지도교수를 직접 선택해 특정 연구를 수행하는 제도도 운영한다.

또한 국내 유수의 대학과 협약을 맺어 AP(고교생이 재학중인 고등학교에서 대학 이수 과목을 미리 배우고 진학할 경우 해당 이수 과목에 대해 대학에서 학점을 인정하는 제도) 교과과정을 운영하고 있다. 국제화에도 힘을 쏟아서 수학·과학·영어 수업을 모두 영어로 진행하고, 점차 모든 과목으로 확대할 예정이다. 또 8명의 외국인 교사를 영입하고, 2010학년도에 정원 외로 외국인 학생 17명을 선발했다.

한국과학영재학교 학생들은 KAIST와의 협약에 의해 100명 내외에서 무시험 전형으로 KAIST에 진학할 수 있다. 2010년 졸업생 142명 중 KAIST에 107명, 서울대에 25명, 포스텍에 5명이 합격했고, 미국 스탠퍼드 대학, 코넬 대학, 영국 옥스퍼드 대학 등 해외 명문대에도 10명이 진학했다.

2009년에도 졸업생 15명이 미국 하버드 대학, 매사추세츠 공과대학MIT 등 해외 명문대에 합격했다. 기숙사 생활이 원칙이고, 등록금은 공립 고교 수준인 분기당 40만원으로 저렴한 편이다. 하지만 학생 대부분이 장학금을 받기 때문에 사실상 무료인 셈이다.

▶ **서울과학고등학교**

서울시 종로구 혜화동에 위치한 서울과학고등학교는 2009년 3월에 과학영재학교로 전환되었다. 하지만 '영재학교'라는 이름이 과학고들 간의 서열화를 조장할 우려가 있어 '서울과학고'라는 명칭은 그대로 유지하고 있다.

총 8학급으로 학급당 학생 수는 15명이고, '세계 수준의 과학 영재를 키워낸다'는 취지에 맞게 교원의 질도 차별화하고 있다. 대표적인 예가 교수초빙제로, 서울대 등 주요 대학의 교수를 초빙해 고교 현장에서 강의하게 하는 방식이다. 나아가 학생들이 대학교에 가서 대학 연구원들과 함께 연구하는 위탁 교육도 실시하고 있다.

AP 제도를 실시해 학생이 대학 수준의 교육과정을 미리 이수하면 대학에 진학했을 때 이를 학점으로 인정받을 수 있고, PT Placement Test에 통과하면 과목을 수강하지 않고도 학점을 얻어 조기 졸업을 할 수 있다. 국어·영어·수학 등의 교과 중심이 아니라 철저한 탐구·연구 중심 수업이고, 학년 구분 없이 대학처럼 졸업 학점 이수제(170학점)로 운영된다. 1~2학년은 R&E Research&Education 과정을 밟아야 하는데, R&E란 학생·교사·교수가 연구 팀을 구성해 1년간 연구한 뒤 그 결과를 논문으로 발표하는 프로그램이다.

영어교육 강화에도 힘을 쏟고 있다. 2009년 입학생부터는 토플, 토익, 텝스 등의 공인 영어 시험에서 일정 기준 이상의 점수를 받아야 졸업이 가능하다. 또 영어 교재의 활용을 확대하고 수학, 과학 등의 전문 교과 수업 중 일부는 영어로 진행한다.

이 학교의 경우 대학 진학 실적과 올림피아드 수상자 배출 성적은 단연 독보적이다. 1989년에 개교한 이래 2010년까지 2,950명의 졸업생 가운데 1,394명이 서울대에, 895명이 KAIST에 진학했다. 2009학년도 서울대 입시에서는 전국 고교 중 가장 많은 94명의 합격생을 배출했다. 지난 10년간 부동의 1위를 차지했던 서울예고(90명)를 처음으로 누른 것이다. 2010학년도에도 91명의 서울대 합격생을 배출해 2년 연속으로 서울대 합격생을 가장 많이 배출한 학교가 되었다.

2009년까지 국제 수학 과학올림피아드에 출전한 한국 대표 중 42.1%, 수상자의 42.8%가 서울과학고 출신이다. 동문들도 쟁쟁하다. 2010년까지 333명의 졸업생이 박사 학위를 받았고, 80명이 국내외 대학교수로 임용되었다. '천재 소녀'로 이름을 날린 '엔씨소프트'의 윤송이 부사장, 2009년 백악관 선정 젊은과학자상을 수상한 미국 코넬 대학 화학과의 박지웅 교수 등 촉망받는 젊은 과학도들이 서울과학고 출신이다.

▶경기과학고등학교

경기도 수원시에 위치한 경기과학고는 1983년에 개교한 국내 최초의 과학고이며, 2010년까지 307명의 박사를 배출할 정도로 80년대 이후 국내 과학영재의 요람으로 자리매김해왔다.

이 학교 졸업생들은 정부, 정부 출연 연구소, 대기업 연구소 등 다양한 분야에서 활동하고 있다. 또 26세에 교수로 임용된 미국 프린스턴 대학 수학과의 백진호 교수, 27세에 국내 최연소 대학교수로 임용된 성균관대 윤석호 교수, 30세에 서울대 물리학과 교수로 임용된 김현도 교수, 『과학 콘서트』의 저자로 유명한 KAIST의 정재승 교수 등 50여 명의 졸업생이 국내외 대학에서 교수로 활약하고 있다. 이처럼 광범위한 과학기술계 인맥을 적극 활용해 졸업생이 재학생의 일대일 멘토가 되어 지속적인 관심과 조언을 하는 '멘토-멘티' 제도도 운영하고 있다.

과학영재학교로 전환되기 전인 2009년에는 260억 원을 들여 8층 규모의 과학연구센터를 건립하고, 각종 첨단 기자재를 도입했다. 또 개인별 맞춤식 유학 프로그램을 운영하는 국제학술센터를 개설하고, 전체 교원의 30% 이상을 박사급으로 충원했다. 대학교수가 가르치는 다양한 주제의 특강 과목도 운영한다.

3년간 총 174학점을 이수해야 하고, 이 중 35학점은 연구 활동 관련 학점이다. R&E, 교내 과학탐구 발표대회, 졸업 논문 연구 등 다양한 연구 중심의 교육과정을 운영해 일부 재학생이 학술지에 논문을 발표하기도 한다. 2006년부터 2008년까지 국제 학술지에 2편, 국내 학술지에는 12편의 논문을 게재했다. 국제 수학 과학올림피아드에서는 2010년까지 모두 67명의 메달 수상자를 배출했으며, 2010학년도 대입에서는 서울대에 25명, KAIST에 28명이 진학했고, 일본 공대에도 3명이 합격했다.

▶대구과학고등학교

23년의 역사를 자랑하는 대구과학고등학교는 2011년 3월에 영재학교로 전환된다. 2010년 8월에 29.2:1의 경쟁률을 기록하며 99명의 신입생을 전국 단위로 처음 선발했다. 영재학교 전환에 대비해 본관을 신축하고 기존 본관을 첨단과학관으로 리모델링하여 연구 중심 교육과정을 운영할 수 있는 기반을 마련했다.

또한 전국 단위 개방형 공모제를 통해 우수 교원을 확보하고, 정기적인 교원 평가를 통해 수업 및 학생 지도의 전문성을 키워가고 있다. 전체 교원의 50%, 전문 교과 교원의 60%가 박사급이다.

학년 구분 없이 170학점을 이수하면 졸업할 수 있는 무학년 졸업 학점 이수제를 운영하며, 특정 분야에 재능이 있는 학생의 영재성을 효율적으로 높이기 위해 물리·지구과학 집중 심화 이수제, 화학·생명과학 집중 심화 이수제를 도입해 해당 과목의 교육적 효과를 극대화할 예정이다. PT 시험을 도입해 학생들의 조기 졸업을 가능하게 하고, AP 제도를 운영해 미리 대학 학점을 얻을 수 있는 기회를 제공한다.

개교 이래 2009년까지 104명의 졸업생(전체 졸업생 대비 약 43%)이 박사 학위를 취득했으며, 2010학년도 대학 입시에서 서울대 14명, KAIST 34명, 연세대 18명, 고려대 6명의 합격생을 배출했다. 졸업생의 85%가 이공 계열로 진학하고 졸업생 대부분이 CEO, 교수, 공학자, 과학자, 벤처 사업가로 활약중이다.

▶ 영재학교별 특성

항목	한국과학영재학교	서울과학고등학교	경기과학고등학교	대구과학고등학교
영재학교 전환	2003년	2009년	2010년	2011년
소재지	부산시 부산진구 당감동	서울시 종로구 혜화동	경기도 수원시 장안구 송죽동	대구시 수성구 동대구로
학년당 학생 수	144명 (학급당 8~9명, 16학급)	120명 (학급당 15명, 8학급)	120명 (학급당 24명, 5학급)	80명 (학급당 16명, 5학급)
교육 과정	• 무학년 졸업학점 이수제(165학점) • 학생 선택 중심의 맞춤식 교육과정 운영 • 한 학기당 16주로 운영 • 국내외 영재교육기관의 이수 학점 인정 및 학술 교류 확대 • 자율 연구 R&E 프로그램 운영 • AP제도, KAIST 이중등록제 운영 • 국제반 설치 운영	• 무학년 졸업 학점 이수제(170학점) • PT, AP 제도 • 대학 및 연구소 등과 연계해 교수, 연구원, 교사 및 학생이 함께 연구하는 자율 연구 R&E 프로그램 운영 • 해외 영재교육기관 위탁 교육 및 이공계 체험학습 • 대학과 연계한 교육과정 • 국내외 영재교육 기관과의 학술 교류 • 졸업논문제 시행	• 무학년 졸업 학점 이수제(174점) • 대학 수준의 심화된 특강 과목 개설 운영 • 대학교수 또는 박사급 연구원과 팀을 이루어 특정 분야의 주제를 연구하는 자율 연구 프로그램 • 국내외 연구실의 인턴십 프로그램 참여와 국내외 학술 대회 참석 및 논문 발표 • 멘토-멘티 프로그램 운영 • 졸업논문제 시행	• 무학년 졸업 학점 이수제(170학점) • PT, AP 제도 • 책임 지도자, 공동 지도자, 학생이 팀을 구성해 운영하는 자율 연구 R&E 프로그램 • 대학, 연구기관 등에서 대학교수 또는 연구원의 전문적 지도와 첨단 시설을 활용한 현장연구 활동 • 집중 심화 이수제 • 해외 이공계 대학 탐방
교원	• 교원 1명당 학생 6명 • 박사 학위 소지자 63% • 교원평가제 실시	• 교장, 교감, 교사 전국 단위 공모 • 교원평가제 실시	• 개방형 공모 • 교원평가위원회 설치 운영 • 교원 약 121명(30% 이상 박사급)	• 전국 단위 개방형 공모 • 총원 52명(전임교원 80%) • 박사 학위 : 전체 50%, 전문 교과 60% • 교원평가위원회 설치 운영
입학 전형 (2011학년도 기준)	• 1단계: 제출된 학생 기록물에 의한 영재성 평가 • 2단계: 영재성 다면 평가	• 1단계: 서류 전형 • 2단계: 영재성 검사 및 수학 능력 평가 • 3단계: 창의적 문제 해결력 평가 • 4단계: 과학 캠프	• 1단계: 서류 전형 • 2단계: 영재 기초 평가 • 3단계: 영재 심화 평가 • 4단계: 과학 캠프	거경 전형 • 1단계: 서류 평가 • 2단계: 면접 평가 궁리 전형 • 1단계: 서류 평가 • 2단계: 창의적 문제 해결력 검사 • 3단계: 과학 캠프

영재학교와 과학고, 무엇이 다를까?

과학고가 영재학교로 바뀐 이유

과학 영재를 양성하는 고교 과정의 영재교육기관으로는 영재학교와 과학고등학교(이하 과학고)가 있다. 과학고는 1983년 3월에 경기과학고가 처음으로 개교한 이래 현재 전국에 17개 학교가 있고, 영재학교는 4곳이 있다.

과학고와 영재학교 모두 "탐구와 연구 중심의 과학 교육으로 세계 수준의 과학 영재를 양성"한다는 공통의 목적을 지니고 있다. 그리고 학생 모두 기숙사 생활을 하며 학교에서 집중적인 수학, 과학 교육을 받는다.

그렇다면 과학고와 교육 이념과 지향점이 유사한 영재학교가 설립된 배경은 무엇일까?

과학고는 수학·과학 분야에 재능이 있는 학생들을 대상으로 수학·과학 전문 교육을 제공하는 것을 목적으로 설립된 학교이다. 초기의 과학고는 일반 고교와 차별화된 학생 선발과 교육과정, 조기 졸업 제도, KAIST 무시험 입학 등을 통해 설립 목적에 맞는 수준 높은 과학 영재교육을 충실히 수행할 수 있었다. 그런데 과학고 졸업생들의 명문대 진학률이 높아짐에 따라 각 시도에서 무계획적으로 과학고를 설립하면서 과학고 졸업생들의 대학 진학 경쟁도 그만큼 치열해졌다.

이런 와중에 과학고가 설립 목적인 과학 영재교육보다 입시 대비 교육기관으로 왜곡되기 시작했고, 1997년 서울대학교 입학 전형에서 비교내신제(학교 내신 대신 고3 때 치르는 수능시험 성적을 전국 학생들의 성적과 비교해 내신을 산정하는 제도)가 폐지된 후 이러한 현상은 더 심화되었다.

과학고 학생들은 일반 학생들에 비해 수능 준비에 매달릴 시간이 절대적으로 부족할 뿐만 아니라 내신도 크게 불리해졌기 때문이다. 이는 과학고 본연의 수업과 탐구 활동을 성실하게 따라가는 것만으로는 대학에 진학하기가 매우 어렵다는 것을 의미한다. 이에 따라 과학고 교육도 파행으로 이어질 수밖에 없었다.

이런 문제를 해결하기 위해 정부는 두번째 과학 영재교육 정책을 준비했다. 2001년 9월 19일, 교육인적자원부와 과학기술부는 기존의 과학고 가운데 공모, 심사를 거쳐 영재학교 전환 대상 학교를 선정·지원하는 데 합의했다. 이에 따라 부산과학고를 선정해 과학 영재학교로 전환했다. 2003년 3월 5일에 개교식을 했고, 입학생은 144명이었다.

과학고와 영재학교의 차이점

영재학교는 기존의 과학고들이 안고 있던 문제점을 해결하기 위해 설립된 곳으로, 과학고와는 완전히 다르게 운영된다. 이를 뒷받침하는 근거 규정도 다르다. '초중등교육법'을 따르는 과학고와 달리, 영재학교는 '영재교육진흥법'의 적용을 받는 고교 과정 영재교육기관이다. 따라서 교육과정, 교원 구성, 신입생 선발 방법 등에서 과학고에 비해 큰 폭의 자율권을 보장받는다.

과학고는 시·도 해당 소재지의 교육감에게 설립·인가권이 있고, 교육과학기술부가 정한 국가 교육과정을 따라야 하며, 그 안에서 학교 운영의 자율권이 일부 인정된다. 기본적으로 고등 교과과정을 이수해야 하며 학년제로 운영된다. 교재도 국정, 검·인정 교과서를 쓴다.*

주요 과목은 1학년 때 고3까지의 과정을 모두 끝내고 2학년부터 교육부에서 발행한 심화 교재로 공부한다. 또한 고등 교과에 나오는 거의 모든 실험을 직접 해보고, 연구 팀을 구성해 연구 주제 선정부터 실험 계획, 실험 및 검토, 보고서 작성까지 직접 경험하게 한다.

반면 영재학교는 교과부에 설립·인가권이 있고, 교육과정은 학교 스스로 결정해 운영할 수 있다. 무학년 졸업 학점 이수제, 대학 과목 선이수제AP, 연구 교육 프로그램R&E 등의 제도를 예로 들 수 있다.

---

* 참고로 국정 교과서는 국가에서 만든 교과서이고, 검정 교과서는 민간 출판사에서 만든 것으로, 학교 교과용 도서로서 교육인적자원부 장관의 사용 적합 판정을 받은 교과서를 말한다. 이외에 서울시, 광역시, 도의 교육감이 승인한 교과서를 인정 교과서라고 한다. 흔히 검정, 인정 교과서를 합쳐서 검·인정 교과서라고 말한다.

무학년 졸업 학점 이수제는 학년 구분 없이 일정 이상의 학점을 이수해야만 졸업을 인정받는 제도로서, 교과 선택의 폭이 넓고 자기 수준에 맞게 교육과정을 설계할 수 있다. AP는 앞에서도 말했듯이 고교 재학중에 학생 본인의 희망에 따라 대학 수준의 교육과정을 미리 이수해 학점을 따면 대학 진학 후에도 학점을 인정받을 수 있는 제도이다.

R&E는 교사 혹은 대학교수가 운영하는 연구 팀에 소속되어 특정 주제에 대해 1년 동안 연구한 뒤 논문으로 발표하는 제도다. 일부 학생들이 이 프로그램에서 얻은 연구 결과의 논문을 국제 학술지에 싣기도 한다. 이는 박사급 학자들에게도 쉽지 않은 일이다.

교원 선발 방식에도 차이가 있다. 과학고 교원은 시도 교육청 소속 교사들로만 구성되며, 교사자격증 소지자로 제한된다. 반면 영재학교는 교사자격증 소지 여부와 무관하게 대학교수나 특정 분야의 전문가가 교단에 설 수 있다. 한국과학영재학교의 경우 KAIST의 교수들이 직접 수업에 참여하기도 한다.

학생 선발 방식도 다르다. 과학고는 시·도 해당 소재지의 학생을 대상으로 뽑고 선발 방법도 교육감의 허가를 받아야 하는 반면, 영재학교는 전국 중학생을 대상으로 자율적으로 마련한 전형으로 선발한다. 또 중학교 졸업자 및 이와 동등한 학력을 소지한 자가 선발 대상인 과학고와 달리, 영재학교는 중학교 재학생은 물론 고교 재학생도 지원할 수 있다.

2010학년도 영재학교 입시에 합격한 중1, 중2 학생의 경우, 한국과학영재학교가 19명, 서울과학고가 25명, 경기과학고가 14명에 이른다. 1, 2학년 재학생이 영재학교에 합격하면 영재교육진흥법에 따라 해당 중학교는 교칙에 관계없이 그 학생을 졸업시킬 수 있다.

마지막으로 조기 졸업에도 차이가 있다. 학년제로 운영되는 과학고 2학년 학생은 대학 입시에 합격하면 2년 만에 졸업할 수 있다. 하지만 과학 영재학교 학생은 조기 졸업이 쉽지 않다. 무학년 학점제로 운영되는 영재학교는 일정 점수 이상의 학점을 따야 졸업할 수 있는데, 2년 만에 그 학점을 채우기가 쉽지 않기 때문이다. 계절학기, PT 제도, R&E 제도를 통해 학점을 추가로 얻을 수는 있지만 좋은 평점을 유지하면서 2년 만에 모든 학점을 채우기 어렵기 때문에 과학고에 비해 조기 졸업이 힘들다.

이런 차이에도 불구하고 실제로 대학에 진학하는 방식은 두 학교가 크게 다르지 않다. KAIST와 협약을 체결한 한국과학영재학교를 제외하고, KAIST는 과학고, 영재학교 학생들끼리, 국내 대학은 일반고 학생들과 경쟁해야 하기 때문이다.

영재학교나 과학고 학생들이 주요 과목에서는 분명 일반고 학생들보다 탁월하지만, 학교의 교과과정이 수능이나 대학 입시를 위한 공부와는 다르기 때문에 수능에 맞는 공부를 따로 해야 하는 어려움이 있다. 그래서 대부분의 영재학교, 과학고 학생들은 서울대, 포항공대, KAIST, 연세대 등의 수시 특별 전형을 선택한다.

과학고 VS 영재학교 FAQ

Q1. 학교 형태는 어떻게 다른가?
A. 과학고는 특수목적고로서 초중등교육법의 적용을 받고, 영재학교는 영재교육진흥법의 적용을 받는다.

Q2. 학교를 감독 관리하는 주무 부서는 어디인가?
A. 과학고는 시·도 교육청이고, 영재학교는 교육부가 관리한다.

Q3. 지원 자격과 선발 방식은 어떻게 다른가?
A1. 과학고는 해당 지역 중학교 졸업 예정자 및 그와 동등한 학력을 인정받은 자이고, 영재학교는 전국 단위의 중학생 및 졸업생이다. 영재학교는 중학교 1, 2학년 재학생 및 고등학생도 지원할 수 있다.
A2. 과학고는 '자기주도학습전형'과 '과학창의성전형'을 통해 학생을 선발하고, 영재학교는 내신 및 우수성 입증 자료, 문제해결능력 평가, 과학캠프 등의 단계별 과정을 거쳐 학생을 선발한다. 과학고 전형에서는 지필 고사나 심층 면접이 허용되지 않지만, 영재학교 선발 전형에서는 허용된다.

Q4. 교과 운영과 교과과정에는 어떤 차이가 있는가?
A. 과학고는 학년제로 운영되며 국가 교육과정에 따른다. 영재학교는 무학년 학점제로 운영되며, 과학·수학 교육 심화 과정을 자유롭게 운영할 수 있다.

Q5. 교육 방법과 교육 내용에는 어떠한 차이가 있는가?
A. 과학고는 교과 교육 중심의 집중·속진 교육을 진행하며 국정·검인정 교과서를 사용하고, 교육 내용은 교육부에서 정한 초·중등 교육과정에 따른다. 영재학교는 연구와 실험 중심 교육 및 심화 교육을 목표로 하고 교육감 승인을 받아 인정 도서나 필요한 교재를 자율적으로 채택할 수 있으며, 교육 내용은 학칙으로 정한다.

Q6. 진학 방식은 어떻게 다른가?
A. 과학고는 국내 대학 위주로 진학하고, 영재학교는 국내 대학에 진학하거나 유학을 선택한다. 한국과학영재학교는 KAIST 부설 학교로서 KAIST 특별 전형 입학이 가능하다. 과학고나 영재학교 모두 국내 대학은 정시보다는 주로 각 대학 수시 특별 전형을 통해 진학한다.

Q7. 조기 졸업이 가능한가?
A. 과학고와 영재학교 모두 조기 졸업이 가능하다. 그러나 영재학교는 2년 만에 졸업 학점을 모두 따기가 쉽지 않다. 일반 수업 이외의 방법으로도 학점을 얻을 수는 있다. 우선 방학 동안의 계절학기나 R&E 학점 제도를 이용하는 방법이 있다. R&E 학점 제도란 학생이 대학 연구소에 들어가 논문을 내면 심사위원회에서 심의를 거쳐 학점을 인정하는 제도다. 'PT 학점'이라는 제도도 있다. PT 시험에 합격하면 그 과목의 이수 학점을 인정해주는 제도다. 그러나 과학고에 비해 조기 졸업이 쉽지 않다.

영재학교와 과학고, 어떻게 들어갈까?

나의 영재성과 의지를 증명하는 방법

최근 3년간 영재학교와 과학고 입시 전형에 많은 변화가 있었다. 지필 시험 금지, 구술·심층 면접 폐지, 경시대회 성적 반영 금지, 입학사정관제 시행 등이 그 예다. 지필 시험을 골자로 하는 서울·경기과학고 입시 전형은 2010 년에는 크게 변하지 않았지만 이 역시 바뀔 가능성이 크다. 과학고나 영재학 교를 목표로 하는 학생들로서는 이와 같은 변화에 대응하는 것이 쉽지만은 않을 것이다. 그러나 이런 때일수록 신입생을 선발하는 일관된 입시 기준을 찾아 그 기준에 맞게 하나씩 실력을 쌓아나가는 것이 중요하다.

과학고와 영재학교에서 학생을 선발하는 기준은 어떻게 보면 단순하다.

Chapter 6 대한민국 영재교육 로드맵

수학·과학 공부에 대한 의욕과 관심이 있는가, 그리고 심화 수준의 수학·과학을 학습할 능력, 즉 영재성을 보유하였는가 하는 점이 주요 기준이다.

지필 시험이나 심층 면접은 이 두 가지 기준을 모두 평가할 수 있는 선발 방식이었다. 고난도 문제를 해결하는 능력은 그 학생의 영재성을 입증하는 객관적 자료이고, 그런 문제를 해결할 수 있도록 공부했다는 것 자체가 그 학생의 수학·과학 학습 욕구를 나타내는 것이기 때문이다.

그러나 지필 시험 방식이 영재성을 획일화하고 선행 학습이나 학원 교육을 통해 만들어진 영재를 뽑는다는 비판이 커지자, 지필 시험 대신 내신 성적, 영재성 입증 자료, 추천서, 캠프 등 잠재적인 영재성을 다양한 관점에서 판단하는 방향으로 변화를 꾀하고 있다. 또한 자기소개서, 추천서, 면접을 통해 그 학생의 수업 욕구를 확인하는 작업도 병행하고 있다. 과학고나 영재학교에 입학하기 위해서는 이러한 기준을 충족시켜야 한다.

▶지나온 발자취를 보여라 - 관찰(독서)일기, 탐구 보고서

먼저 과학고·영재학교에 입학하려면 자신이 수학과 과학에 흥미가 있으며, 과학고나 영재학교에서 공부하고자 하는 분명한 학습 동기를 보여주어야 한다. 한국과학영재학교 입학관리부장이 입학설명회에서 설명한 바에 따르면, '새로 만들어낸' 자료가 아니라 수학·과학에 흥미를 보여온 학생의 '지나온 발자취'를 높이 평가한다고 했다. 그 예로, 오랫동안 글과 그림으로 곤충 일기를 써온 학생을 들었다.

관찰 일기, 증명 노트, 발명품, 실험 탐구 보고서, 독서 일기 등은 오랜 시간을 들여야 하는 일이고, 그 결과물을 통해 해당 과목에 대한 관심을 어느

정도 확인할 수 있기 때문이다. 따라서 다양한 주제와 뛰어난 결과물도 좋지만 수학·과학 분야 중 관심 있는 주제를 한 가지 정해 오랜 시간 지속적으로 관찰·탐구·기록해두는 것이 좋다. 수학·과학을 구체적으로 어떻게 학습하였는지에 대한 자기만의 학습 계획서를 작성하는 것도 큰 도움이 된다.

▶ **선생님에게 인정받아라 – 추천서**

과학고와 영재학교 입시 때 공통으로 제출하는 서류로는 추천서가 있다. 추천서는 주로 수학·과학 선생님이나 담임 선생님이 작성한다. 학생과 많은 시간을 함께하는 선생님이 학생의 수학·과학에 대한 관심과 성취도를 가장 잘 알기 때문이다.

올해 경기과학고에 합격한 한 학생에게 "1단계의 서류 전형을 통과한 가장 큰 이유가 뭐라고 생각하느냐?"라고 물었더니, "선생님의 추천서"라고 대답했다. 중학교 3년 동안 긴밀한 관계를 유지했고 영재학교에 진학해보라고 권유한 선생님이 추천서를 써준 것이다. 학생들이 써 온 내용을 단순히 컴퓨터로 옮겨 출력한 추천서보다는 훨씬 진실하고 설득력 있는 전형 자료일 것이다.

당연한 얘기지만 입학사정관들을 납득시키려면 먼저 각 학교 수학·과학 선생님에게 인정받아야 한다. 그러기 위해서는 교과 성취도가 좋아야 하는 것은 물론 교내 각종 수학·과학 행사에 적극적으로 참여하는 것이 유리하다. 과학고나 영재학교 입학을 생각한다면 교내 수학·과학 경시대회에서 좋은 성적을 얻을 필요가 있다. 외부 경시대회 성적은 학생 생활기록부에 기록되지 않지만, 교내 경시대회 성적은 기록되기 때문에 학생의 영재성을 입증할 수 있는 중요한 자료가 된다.

어느 입학사정관이 인터뷰에서 "아무리 내신이 좋아도 교내 경시대회에 한 번도 참여한 적이 없는 학생은 평가의 대상이 될 수 없다"고 말한 것처럼, 교내 경시대회 성적은 학생의 수학·과학에 대한 관심도를 나타내는 지표가 될 수 있다.

▶ 학교 수업에 충실하라 - 내신 성적

다음으로 수학·과학 심화 교육을 충분히 소화할 수 있는 능력을 보여야 한다. 우수한 내신 성적은 이를 증명할 수 있는 중요한 자료다. 지필 시험의 중요도가 점점 낮아지고 입학사정관제가 확대되는 과학고·영재학교 입시 전형의 변화 속에서, 내신 성적은 학생의 영재성을 나타내는 가장 좋은 객관적 지표다.

예전에는 수학·과학 내신 성적이 좋지 않아도 올림피아드 입상 경력을 통해 과학고 특별 전형을 통과할 수 있었다. 그러나 이제는 과학고 특별 전형이 폐지되고 외부 수상 실적이 입시에 반영이 되지 않기 때문에, 우수한 내신 성적은 영재고·과학고 입학을 위한 필수 조건이 되었다. 따라서 수학·과학만큼은 최상위권에 속할 수 있도록 학교 수업에 충실해야 한다.

사고 확장을 위한 선행 학습이 필요하다

수학·과학은 학교 내신 성적을 최상위권으로 유지하는 것도 중요하지만 어느 정도의 선행 학습이 필요하다. 교육부에서는 과학고와 영재학교 입시 전형의 범위를 중등 교육과정 이내로 제한했다. 그러나 수학·과학의 선행 학습은 단순히 더 많은 지식을 보다 빨리 쌓는 것이 아니라 논리와 이해력을 확장시키는 일이다. 과학적 현상의 원인에 대한 이해의 폭을 중등, 고등, 대학 수준으로 더 높이 끌어올리는 과정으로 받아들여야 한다.

이런 과정은 수학·과학 문제해결력 향상에 크게 도움이 된다. 게다가 2009·2010학년도 서울·경기과학고 지필 시험 문제는 단순히 중등 과정을 충실히 공부하는 것으로는 풀 수 없는 수준으로 출제되기까지 했다. 그러므로 학생의 이해력이 따라준다면 중등 과정을 뛰어넘어 일부 영역은 대학 일반 과정까지 학습할 필요가 있다. 물론 단순한 암기식의 선행 학습은 아무런 의미가 없다. 고등 과정 또는 대학 일반 과정의 내용을 배우면서도 항상 중등 교과과정의 내용과 연관성을 생각하고 정리하는 것이 필요하다.

앞서 말했듯이 영재교육의 방법으로 흔히 속진과 심화를 들곤 한다. 이런 전통적인 영재교육의 방법론에 비추어 보면, 학년이 올라갈수록 동일한 내용이 심화되고 중층적으로 반복되는 수학, 과학의 커리큘럼상 선행 학습이 이런 속진과 심화를 동시에 해결해줄 수 있다는 걸 알 수 있다. 그렇기 때문에 영재학교와 과학고의 교육 프로그램도 심화된 대학 교과과정을 미리 선행하는 방식을 채택하고 있다.

따라서 영재학교와 과학고 입시를 준비하는 학생들은 고교 신학 후에 학습할 대학 교과과정까지 미리 대비해두어야 한다. 결국 영재학교와 과학고를 준비하는 과정 역시 고교 과정에 대한 선행 학습이 될 수밖에 없는 것이 현실이다.

영재학교나 과학고에 합격한 학생들을 보면, 대개 중1 때 수학은 고1 과정까지, 과학은 중등 과정을 끝내둔다. 그리고 중2부터는 본격적으로 과학고·영재학교 입시를 준비한다. 수학은 5월에 열리는 한국수학올림피아드 KMO 1차에 대비하고, 이후에는 영재고 실전 문제를 풀어본다. 과학은 한국물리올림피아드KPHO나 한국화학올림피아드KCHO에 대비하면서 과학 II까지 학습하는 것이 일반적이다.

중등 저학년의 경우 수학·과학 선행 과정에서 올림피아드 대회를 준비해 보는 것도 유리하다. 영재학교나 과학고 입시에서 올림피아드 입상 경력이 반영되지 않기 때문에 예전처럼 많은 시간을 투자해 집중적으로 준비할 필요가 없는 것은 사실이다. 그러나 올림피아드 대회가 수학·과학 학습에 대한 동기 부여가 될 수 있고, 올림피아드를 준비하면서 쌓인 수학·과학 과목의 학업 성취도가 입시에서 유리하게 작용할 수 있다.

실제로 올해 영재학교 합격생 대다수가 올림피아드 입상자이고, 올림피아드를 준비하면서 고난도의 문제를 풀어본 경험이 서울·경기과학고 2, 3차 지필 시험에서 많은 도움이 되었다고 말한다. 올림피아드에 참가하고 싶다면 수학올림피아드는 대한수학회에, 물리올림피아드는 한국물리학회에, 화학올림피아드는 대한화학회에 문의하면 정보를 얻을 수 있다.

마라톤 완주를 위한 계획을 세워라

중3이 되면 6월까지 본격적인 영재고 대비에 돌입한다. 보통 수학은 시·도

경시대회 기출 문제, 영재학교·과학고 기출 문제를 풀고, 과학은 중등 과정에서 고등 과정까지, 필요한 경우 일반화학, 일반물리 영역까지 공부하면서 영재학교 입시에 대비하는 것이 좋다. 또한 과학고와 영재학교 입학 계획을 세울 때, 두 과정을 별개가 아니라 하나로 묶어서 준비하는 것이 효과적이다. 입시에 대비하는 방식이 크게 다르지 않기 때문이다.

보통 영재학교 입학 전형은 6~8월에 있고, 과학고 입학 전형은 10~12월에 실시된다. 영재학교 입시가 끝난 다음 이를 준비했던 학생들 대부분이 과학고에도 응시하기 때문에, 처음부터 과학고만 준비해서는 이들과 경쟁해서 합격하기가 쉽지 않다. 따라서 과학고가 목표라 하더라도 미리 영재학교 시험을 치러서 응시 경험을 쌓는 것이 유리하다.

과학고·영재학교에 입학하려면 이처럼 문제해결력을 높이기 위한 심화·선행 학습도 중요하지만, 논리적으로 서술하고 토론하는 능력, 창의적인 사고력 등도 함께 길러야 한다. 주어진 정석이 아니라 자신의 새로운 방식으로도 문제를 풀어보고, 한 가지 토론 주제에 대해 입장을 바꿔가면서 나름의 논리적 이유를 생각해보는 연습을 해야 한다. 〈과학 동아〉 같은 과학 잡지나 과학 기사 등을 스크랩하고 관련 내용을 스스로 찾아보면서 상식을 넓히고, 이를 정리하는 습관을 갖는 것이 여러모로 도움이 된다.

올해 서울과학고에 합격한 한 학생은 과학 캠프 면접에서 자기가 읽은 책의 저자명과 그 저자의 관련 서적까지 이야기해 면접관에게 좋은 인상을 심어준 것 같다고 말했다. 이처럼 다양한 인문·과학 서적을 읽고 책 내용과 자신의 생각을 정리해 기록해두는 것도 면접과 토론에서 큰 도움이 된다.

과학고와 영재학교에 들어가기 위해서는 보통 2~3년의 오랜 준비 기간이 필요하다. 이 긴 마라톤을 완주하려면 무엇보다 학생 자신의 의지와 욕구가 중요하다. 그 의지가 약해지지 않으려면 반년 단위의 장기 계획과 함께 월 단위 또는 주 단위의 단기 계획을 세우는 것이 효과적이다. 단기 계획은 하나하나 지켜나갈 때의 성취감뿐만 아니라 스스로에게 동기를 부여해주고, 멀고 막연하게만 느껴지는 입학 전형을 보다 능동적으로 준비할 수 있게 해주기 때문이다.

과학고 · 영재학교 입학을 위한 10가지 조언

1. 수학 · 과학 내신만큼은 완벽하게 관리하라.
2. 교내 수학 · 과학 활동에 적극적으로 참여하고, 교내 수학 · 과학 경시대회에서 우수한 성적을 유지하라.
3. 수학 · 과학 분야에서 한 가지 주제를 정해 장기적으로 관찰 · 연구 · 기록하라.
4. 수학 · 물리 · 화학 · 생물 · 지구과학 중 어느 한 과목에 치우치지 않는 고른 성취도를 목표로 하라.
5. 중등 수학 · 과학 교과 내용을 주제별로 깊이 있게 공부하라.
6. 중학교 1, 2학년의 경우 영재학교 · 과학고 입시와 올림피아드를 함께 준비하라.
7. 다양한 인문 · 과학 서적, 과학 관련 신문 · 잡지를 읽고 정리해보라.
8. 주변의 과학 현상에 과학적 원리를 적용해보고 깊이 있게 사고하는 습관을 가져라.
9. 수학 · 과학 과목의 학습 계획서를 구체적이고 사실적으로 작성해보라.
10. 영재학교와 과학고 입시를 하나로 묶어 준비하라.

Chapter 7

영재들의 대학입시

영재를 반기는 국내외 명문 대학들

수능성적 없이도 명문대에 진학할 수 있다

대입 수험생 자녀를 둔 학부모들은 도무지 이해할 수 없는 우리나라의 대학 입시 시스템에 혀를 내두르곤 한다. 나 역시 마찬가지다. 여느 수능 준비 학원과 다르기는 하지만 나름대로 대학 입시에 대비하는 학원에 오래 몸담아 온 나인데도, 정작 내 아이가 대학에 진학할 무렵에는 전혀 도움이 되지 못했다. 오히려 나보다 내 아이가 훨씬 더 많은 정보를 가지고 있었고, 결국 아이의 판단에 의존할 수밖에 없었다. 그 덕분에 비교적 나쁘지 않은 결과를 얻을 수 있었다.

우리의 대학 입시 제도는 가뜩이나 머리 복잡한 학부모와 학생들에게 어지러운 미로 역할을 톡톡히 한다. 그 복잡한 입시 제도를 살짝 들여다보자.

일단은 수시 전형과 일반 전형으로 나뉜다. 수시 전형은 학교마다 명칭도, 방법도, 선발 대상 학생의 특수성도 제각각이다. 면접이나 논술 시험 날짜도 다르다. 일반 전형 역시 복잡하기는 마찬가지다. 내신과 논술, 면접으로 나뉘는데, 학교마다 그 비중이 다르고 게다가 학교들이 '가'군, '나'군, '다'군 등으로 분류되어 시험 날짜도 각기 다르다.

사정이 이런데도, 대학이야 수능시험만 잘 보면 들어가는 것이고 수능시험은 좋은 학원에서 족집게 명강사에게 수업을 받는 게 상책이라고 단순하게 생각하는 부모들이 적지 않다. 이것이 대한민국의 대학 입시를 대하는 부모들의 보편적인 생각이다. 이런 부모들에게 영재교육이란 저학년 시기에 다른 아이들보다 앞서 나가게끔 아이의 체면과 기를 세워주기 위한 방편일 뿐, 결국 교육의 성패를 좌우하는 입시에는 전혀 쓸모없다는 결론만 남게 된다. 그러나 사실은 그렇지 않다.

영재들이 수능시험 성적과 관계없이 대학에 들어가는 방법은 여러 가지다. 서울대학교를 예로 들어보자.

서울대 역시 수시 전형과 일반 전형으로 학생을 선발한다. 그리고 수시 전형은 '지역균형선발전형'과 '특기자전형'으로 나뉜다. 지역균형선발전형은 대한민국 각 지역에서 월등하게 우수한 학생을 다른 지역과 비교하지 않고 입학시키는 방법이다. 거의 고등학교 내신 성적만으로 선발한다. 그리고 특기자전형은 해당 전공에 특기 적성을 가진 학생을 선발하는 방법이다. 주로 특목고 학생들 위주로 선발하는데, 이미 고교 때부터 객관적으로 그 전공 관련 과목에서 탁월한 우수성을 보인 학생들을 대상으로 다른 과목 성적과 수능시험 성적에 관계없이 선발한다. 특기자전형의 혜택을 가장 많이 받는 곳이 바로 과학고다.

최근 국회의 요청에 따라 서울대에서 공개한 자료에 따르면, 2010학년도 서울대 입학 전형에서 합격생을 가장 많이 배출한 학교는 서울과학고(90명)다. 그리고 서울에 소재한 세종과학고 출신 역시 서울대 합격생 수가 40명으로, 합격생 순위에서 5위를 기록했다. 서울과학고는 한 학년의 전체 정원이 140명 정도다. 다시 말해 한 학년 중 65%에 가까운 학생이 서울대에 진학했다는 이야기가 된다.

더 놀라운 사실은 2010년 서울대 합격생 중에서 전국에 있는 과학고 출신의 비율이 11.5%에 해당한다는 것이다. 이는 2009년보다 약 1.2% 증가한 수치다. 과학고 학생들 거의 대부분이 수시 전형의 이 특기자전형을 통해 서울대에 입학한다. 정시 일반 전형에서 수능시험 성적과 상대평가된 내신 성적으로는 현실적인 여건상 서울대에 진학하는 것이 불리한 탓이다.

서울대는 수시 전형 정원의 약 20%인 특기자전형 선발 인원을 앞으로 30%이상까지 확대할 계획이라고 밝혔다. 다른 학교들도 그 뒤를 따르고 있다. 연세대학교는 작년부터 수시 전형에 '조기졸업자전형'이라는 새로운 방식을 신설했다. 우리나라의 교육 시스템에서 실질적으로 조기 졸업이 가능한 곳은 과학고밖에 없는 상황에서, 조기졸업자전형이라는 방식은 과학고 졸업생들을 위주로 선발하겠다는 의지를 천명한 것이나 다름없다.

점수의 시대는 지나가고 있다

조기졸업자전형과 같이 특목고 학생들에게 유리하게 작용할 이러한 대입 전형은 심각한 문제를 야기할 수밖에 없다. 대입을 위해 특목고 진학을 희망하게 되면서 과도한 사교육 열풍이 불고, 우리의 영재들이 어린 나이부터 입시 준비에 시달리게 하는 부작용이 생긴다.

만약 과학고 등의 특목고 입학생 선발 과정이 소모적인 입시가 아니라 진정한 영재를 선발하는 과정으로 정착된다면 어떨까? 그렇게 된다면 대학 입시의 이러한 다변화는 거꾸로 대한민국 영재들에게 성공적인 대학 진학까지 보장해주는 긍정적인 작용을 하게 될 것이다.

실제로 최근에 이러한 변화가 두드러지게 나타나고 있다. 영재교육 시스템에서 과학고를, 선발된 학생들을 대학 입시 준비에 몰입시키는 또 하나의 입시 기관이 아니라 진정한 영재교육기관으로 탈바꿈하려는 노력이 본격화되고 있기 때문이다.

예를 들어 부산에 우리나라 최초로 설립된 한국과학영재학교는 2010년 입학 전형에서 전체 입학생을 입학사정관제로 선발했다. 선행 학습의 정도를 평가하는 지필 시험을 폐지되고 중학교까지의 성적과 생활기록부, 그리고 학생이 직접 작성한 자기소개서를 기초로 1차 평가를 한 다음, 1차 선발생들을 캠프에 참가시켜 면접, 단체 활동, 발표, 토론 등의 활동을 통해 최종 합격생을 선발했다.

올해부터 전국의 과학고들이 이와 비슷한 방식으로 학생들을 선발한다. 가을에는 '자기주도형학습전형'을 마련해 전문적인 입학사정관이 학생의 성적과 자기소개서를 평가한다. 이를 근거로 정원의 30%를 선발하고 나머지 70%는 창의적 문제해결력 평가를 통해 선발한다고 발표했다.

대학들 역시 다채로운 재능을 가진 학생들을 발굴하기 위한 새로운 전형 방식을 계속 만들어내고 있다. 올해 연세대학교는 '일반우수자전형', '조기졸업자전형', '글로벌리더전형', '언더우드국제대학전형', '체육특기자전형'과 같은 갖가지 선발 방식을 수시 모집에서 실시하고 있고, 고려대학교도 '지역우수인재전형', '세계선도인재전형', '과학영재전형', '국제학부전형', '사회공헌자전형', '미래로KU전형' 등 다양한 방식으로 여러 가능성과 재능을 가진 우수한 학생들을 찾아 나서고 있다.

과학 인재의 요람인 KAIST는 미국 MIT 대학 등에서 오랫동안 교육에 몸담아온 서남표 총장의 취임 이후 입학생 선발 방식을 새롭게 바꾸었다. 고등학교까지의 성적과 학업 계획서를 평가자료로 삼아 1차 선발자를 추려 면접을 본다. 면접에서는 우선 5분간 영어로 자기소개를 시킨다. 그리고 이 학교에 입학하려는 이유, 전공 희망 분야에 대한 이해 정도와 전공 선택의 이유를 묻는다.

입시 과정에서 지필이나 논술, 면접을 통해 교과과정의 수행 정도 등을 평가하는 시험은 서서히 사라져가고 있다. 새롭게 변해가는 입시 전형에서는 잠재성, 열정, 가능성을 보고 우수한 학생을 선발한다. 이제 교과 시험 성적만으로 좋은 대학에 진학할 수 있었던 시대는 지났다. 진정한 영재들이 대학 입시에서 남보다 뛰어난 결과를 얻을 수 있는 시스템으로 바뀌고 있기 때문이다. 그리고 이는 우리 아이들이 자신의 영재성을 제대로 발견해 더 정직하고 올바른 방식으로 가꾸어갈 수 있어야 한다는 점을 시사한다.

▶ 고교 유형별 분포

구 분	2010학년도 총계	2009학년도 총계
일반고	2,441 (70.7%)	2,352 (71.8%)
외고	305 (8.8%)	263 (8.0%)
과학고	397 (11.5%)	336 (10.3%)
예술고	187 (5.4%)	183 (5.6%)
자립형 사립고	80 (2.3%)	87 (2.7%)
국제고	12 (0.4%)	10 (0.3%)
기타	31 (1.0%)	451 (1.4%)
계	3,453 (100%)	3,276 (100%)

▶ 서울대 합격자 20명 이상 고교

고교	시도	합격인원(명)
서울과학고	서울	90
서울예술고	서울	76
대원외고	서울	69
선화예술고	서울	47
세종과학고	서울	40
명덕외고	서울	34
한성과학고	서울	33
경기과학고	경기	27
상산고	전북	27
경기북과학고	경기	26
국악고	서울	25
한국과학영재학교	부산	25
용인외고	경기	25
대일외고	서울	24
민족사관고	강원	23
고양외고	경기	22
안산동산고	경기	21
한영외고	서울	21
경남과학고	경남	20

▶ 2008년도에 개교한 세종과학고는 재학생 158명 중 서울대에만 40명을 합격시켰다. 4명 중 1명이 서울대에 입학한 것이다. 세종과학고는 이 밖에도 KAIST 33명, 포항공대 15명, 연세대 21명, 고려대와 이화여대 각각 10명(중복 합격 포함) 등 다른 상위권 대학 합격률도 높은 것으로 조사되었다.

Chapter 7 영재들의 대학입시

다행히 우리 교육 체제도 이를 뒷받침하는 방향으로 변하고 있다. 이런 변화가 중·고등 교육에까지 영향을 미쳐 영재교육기관들의 입학 전형과 방법도 보다 현실적으로 바뀌고 있다. 미래의 영재들에게는 매우 고무적인 일이 아닐 수 없다.

해외 명문 대학에서 공부하는 한국의 영재들

· · · · · · · · ·
예비 글로벌 리더를 꿈꾸며

얼마 전 미국에서 변호사로 일하고 있는 후배가 '페북'(페이스북facebook의 줄임말)에 자신의 근황을 사진으로 올렸다며 이메일을 보내왔다. 페북은 우리나라보다는 미국에서 훨씬 더 광범위하게 사용되는 것 같다. 링크된 곳을 클릭해 보니, 페북에 가입해야만 사진을 볼 수 있다고 했다. 얼떨결에 페북 가입자가 되었다. 그 뒤로 친구를 맺자는 요청이 밀려들었나. 주로 미국의 주요 대학에서 공부하고 있는 제자들이었다. 반가웠다.

2000년대 초반부터 우리나라 영재들이 해외 대학에 진학하는 사례가 늘고 있다. 초기에는 민족사관학교 국제반 출신들을 중심으로 아이비리그 대학의 인문계, 자연계로 두루 진출했고, 이후엔 국제 올림피아드 대회 입상자를 중심으로 한 과학고 졸업생들이 MIT와 스탠퍼드 대학 같은 자연과학 쪽 사학 명문으로 진학하는 붐을 일으키기도 했다. 내가 페북을 통해 안부를 주고받는 제자들은 주로 이 시기 이후에 미국으로 유학 가서 현재 학부에 재학중이거나 대학원에 진학한 학생들이다.

90년대까지만 해도 이렇게 학부로 유학 가는 사례는 그다지 많지 않았다. 사실 미국의 현지 학생들도 아이비리그에 속하는 명문 대학에 진학하기가 쉽지 않다. 그런데 한국의 영재들은 어떻게 이런 명문 대학에 진학하는 붐을 일으킬 수 있었을까? 그 이유로 두 가지 변화를 꼽을 수 있겠다.

우선 90년대 말부터 민족사관학교에서 국제반이라는 유학 준비반을 전략적으로 운영하고, 학생들이 유학에 필요한 SAT, AP 시험 등을 준비할 수 있는 여건을 제공하면서 미국 명문 대학 진학의 물꼬를 트기 시작했다.

미국 대학의 입학 허가를 받기 위해서는 GPA라 불리는 내신 성적 점수가 중요하다. 특히 자신이 전공하고자 하는 과목의 심화 과정을 우수하게 이수했다는 증거를 제시할 수 있어야 한다. 이러한 교육과정을 민족사관학교 국제반 프로그램이 가능하게 해주었다. 그리고 외국어고와 민족사관학교를 중심으로 SAT, AP와 같은 표준 시험standard test을 유치해 국내에서 원하는 횟수만큼 응시할 수 있게 되었다. 이렇게 해서 처음으로 유학길을 개척한 학생들이 미국에서 우수한 성적을 내기 시작했고, 그와 더불어 우리 유학생들에 대한 미국 대학들의 평가도 좋아졌다. 한국 특목고들의 교육 수준과 졸업생들의 우수성이 동시에 인정받게 된 것이다.

다음으로 정부와 사회적 지원의 영향도 지대했다. 미국 유명 사립대학의 입학 허가를 받았다고 해도 미국에서의 생활비와 학비 등의 경제적 부담이 만만치 않다. 외국인에게는 장학금이나 학자금 대출과 같은 경제적인 혜택이 전혀 없는 미국에서 학생 개인이 부담해야 할 천문학적인 액수의 교육비는 실로 감당하기 어렵다.

그러나 2000년대에 들어서면서 우리나라의 경제 발전과 기업 성장 등에 힘입어 대기업들에서 유학생 5~10명을 선발해 학비와 생활비 거의 전액을 지원하는 장학 사업을 펼치기 시작했다. 일례로 '삼성장학금'을 꼽을 수 있다. 삼성에서는 명문대 합격생 10명을 서류 심사를 통해 선발해 졸업 때까지 전체 경비를 모두 지원해준다. 이런 혜택 덕분에 한국의 영재들이 경제적 어려움 없이 외국 명문 대학에 진학해 세계적인 과학자들에게 직접 선진 과학을 배울 수 있는 길이 열린 것이다. 정부 역시 김대중 정부에 들어서면서부터 이공계 지원 사업의 하나로 대통령장학금 제도를 마련해 명문대 유학생들을 전폭적으로 지원하기 시작했다.

보다 넓게, 보다 크게 꿈꾸자

2005년경에 처음으로 나와 같이 공부했던 학생이 국제물리올림피아드대회에서 입상한 후 영어 공부에 주력하는 등 꼼꼼하게 준비해 과학고를 조기 졸업하고는 바로 MIT 대학으로 유학을 떠났다. 그 후 수많은 영재들이 고교 졸업 후 장학금을 받아 프린스턴, 스탠퍼드, 버클리, 캘리포니아공과대학Cal Tech 등으로 떠났다. 일찍부터 세계적인 과학자들의 가르침을 받으며 첨단 선진 학문을 전수받고 있는 이 학생들 대부분이 현재 자신의 학업 환경에 매우 만족하고 있다. 군 입대를 위해 귀국해 병역의 의무를 다하고 미국 대학으로 돌아간 학생도 있고, 대학원까지 머무르며 연구소나 대학에서 박사학위를 받고 연구 활동으로 병역특례를 얻으려고 계획하는 학생도 있다.

페북을 통해 다시 만난 이 학생들은 그곳에서의 새롭고도 놀라운 경험을 매일같이 전해오고 있다. 세계적 과학자들의 진지함과 열정, 그리고 학생들을 대하는 성실한 태도에 대해서도 찬사를 아끼지 않는다. 창의적이고 자기 주도적인 학습 경험이 그들에게 새로운 비전을 제시하고 도전의식과 열정까지 불러일으키고 있는 셈이다. 한 친구는 학업에 대한 열정을 누르지 못해, 여름방학에 잠시 귀국하려던 계획을 접고 아예 2학년 때부터 대학 연구실에 합류해 본격적인 연구 활동을 준비하고 있다. 아직까지 우리나라 대학에서는 쉽게 접할 수 없는 기회인 만큼 값진 경험이 될 것이다.

대학 입시 위주의 교육 시스템을 탓하며 영재성이 발휘되기 어려운 환경이라고 체념하기에는 이르다. 영재교육이 대학 진학에는 직접적인 도움이 되지 않는다고 불평하기에는 세상이 너무 넓다. 재능을 가진 영재들에게는 더 폭넓고 다양한 선택이 기다리고 있고, 사회적 지원도 점점 더 나아지고 있으니 말이다.

이렇듯 영재들의 꿈을 키우는 국가적·사회적 지원을 발판으로 많은 영재들이 원대한 시각으로 세계를 향해 발을 내딛기를 바란다. 보다 넓고 큰 꿈을 가슴에 품고, 자신의 꿈을 실현하기 위해 도전하고 모험하기를 간절히 바란다.

미국 명문 대학에 입학하려면?

1. 학교 내신 성적(특히 전공 희망 과목과 관련된 과목의 성적)을 철저히 관리해야 한다.
2. 자신의 전공 특기 적성을 증명할 수 있는 입상 경력과 연구 성과 등 구체적이고 실제적인 포트폴리오를 준비해야 한다.
3. 영어로 보는 시험Toefl, SAT general, SAT subject, AP test을 일정에 맞춰 준비하고, 전략적인 영어 학습을 통해 성적을 최상위권으로 끌어올려야 한다.
4. 대학에 진학해 무엇을 공부할지 그 이유와 동기가 뚜렷해야 한다.
5. 자기소개서Essay는 구체적인 경험과 사례를 들어 스스로의 영재성과 특기 적성이 부각되도록 작성해야 한다. 자기소개서가 입학에 결정적인 영향을 미치기 때문이다.
6. 전공하고자 하는 학문의 목표를 매우 상세하게 자기소개서에 서술해야 한다.
7. 미국 대학은 사회적 리더의 역할을 매우 중요시한다. 영재로서 어떻게 사회를 이끌어갈 것인지에 대한 명확한 비전을 자기소개서에 담아내야 한다.

최후의 승자가 되어라

기회는 얼마든지 있다

매년 경시대회, 올림피아드 대회나 입시가 끝나 결과가 나올 무렵이 되면 마음을 졸이게 된다. 좋은 성적을 거둔 학생들에게는 축하와 격려를 보낼 수 있어 뿌듯하지만, 평소 실력이나 기대에 못 미치는 결과가 나올 때면 당사자만큼이나 내 마음도 아프다. 눈물을 흘리며 어쩔 줄 몰라 하는 모습을 보면 어떤 말로 위로해야 할지 모르겠다. 다만 그럴 때 학생들에게 해줄 수 있는 한마디는 "이제 시작일 뿐이고, 실력을 발휘할 수 있는 기회는 얼마든지 있다"는 것이다.

초등학교 6학년 때부터 나와 함께 경시대회를 준비하고, 같은 시험을 준비하는 다른 학생들과 비교해서도 월등한 성적을 보여주던 아이가 있었다. 서울시 경시대회에 출전하려면 우선 각 학교에서 실시하는 경시대회에서 3위 안에 들어 학교 대표가 되어야 한다. 그동안의 아이 실력으로 보아 학교 대표로 선발되는 것은 당연한 일이었다. 그런데 대회 당일, 아이는 계산기를 지참하라는 공지를 잊은 채 시험에 임했다. 약간은 당황했지만 직접 계산하면 되겠지 하며 스스로를 위로했다. 하지만 복잡한 곱셈, 나눗셈과 이중근호 계산을 머리로 직접 하다 보니 점점 시간에 쫓겨 당황했고, 결국 경시대회에서 3위 밖으로 밀려나고 말았다.

아이의 실수이긴 하지만 스승인 나로서도 면목이 없었다. 오랫동안 서울시 경시대회를 준비하고도 참가할 수 없게 되었으니 말이다. 그리고 경시대회 성적이 없으면 과학고 진학의 가능성도 훨씬 멀어질 수밖에 없다. 그때 실망한 그 아이에게 내가 해준 말이, "이제 시작일 뿐이고, 실력을 발휘할 기회는 얼마든지 있다"였다. 내가 그 아이에게 줄 수 있는 것은 '너의 노력이 반드시 그 결과를 보여줄 것'이라는 믿음뿐이었다.

마침 그해, 부산에 새롭게 설립된 한국과학영재학교가 독자적인 모집 요강으로 학생들을 선발하겠다고 발표했다. 그리고 이 학생은 그동안 쌓아온 수학, 과학 실력을 십분 발휘해 이 학교의 1기생으로 당당히 입학했다. 그 후 서울대 공과대학으로 진학해, 지난날 자신의 작은 실패가 단지 실패로 끝나지 않았음을 보여주었다.

매년 과학고를 준비하다가 불합격해 절망하는 학생들을 볼 때면 안타깝기만 하다. 중학교 때까지 영재로서 그다지 큰 실패의 경험 없이 자라온 학생들에게 '불합격'의 절망감은 떨쳐내기 힘들다. 하지만 앞으로 이들에게 주어질 수많은 기회를 생각해볼 때, 이 작은 실패는 더 큰 성공을 위한, 시작 단계에서의 소중한 경험일 뿐이다.

과학고 등의 영재교육기관에서 실시하는 단 한 번의 입학시험만으로는 모든 지원자들의 영재성을 정확히 판단할 수 없다. 시험을 치르는 학생들 역시 단 한 번의 시험에 자신이 가진 실력을 모두 발휘하기란 쉽지 않다. 운도 작용할 테고, 몸과 마음의 상태도 실패의 변수로 작용할 수 있을 테니 말이다.

우수한 학생들이 진학하는 특목고나 명문 대학에 들어가야만 인생의 성공을 보장받을 수 있는 것은 아니다. 물론 자신의 영재성을 잘 발현할 수 있는 양질의 교육 환경과 프로그램, 그리고 다른 영재들과 함께 경쟁하면서 수준 높은 도전의식과 동기를 부여받을 수 있을지는 모른다. 하지만 영재교육기관이나 명문 대학의 합격 여부를 절대시해서는 안 된다. 작은 실패에 낙담해 자신의 영재성에 대한 믿음과 의지를 상실하는 것은 그야말로 돌이킬 수 없는 실패이니 말이다.

끝없이 도전하는 자에게 길이 열린다

내가 대학에 다니던 시절에는 어느 대학으로 진학하느냐가 인생을 결정한다는 믿음이 지금보다 훨씬 더 컸다. 지금도 그렇지 않느냐고 반문하는 이도 있겠지만, 사회가 변하고 학교가 변하고 있다.

미국 유학 시절, 내가 그곳 학교에서 가장 부러웠던 것은 바로 대학에서 대학으로의 편입이 비교적 자유롭다는 점과 대학원에 진학할 때 졸업한 대학 학부에 대한 편견이 없다는 점이었다. 자신의 재능을 발견하고 꾸준히 노력한다면 그것을 펼쳐 보일 기회는 언제든지 찾을 수 있고, 이를 통해 뒤늦게라도 필요한 경력을 쌓을 수 있다는 것이었다. 그리고 그 혜택을 십분 누린 사람이 바로 나 자신이다.

서울대학교에 입학하긴 했지만, 80년대의 정치적 격변 속에서 학과 전공에만 몰입하기는 쉽지 않았다. 공부보다는 민주화운동 같은 정치 활동에 더 적극적이었으니 내 학점이라고 좋을 리 없었다. 대학 졸업 후 물리학에 뜻을 두었지만 국내 대학에서는 내가 기대하는 수준의 교육을 받을 기회가 많지 않았다. 학부에서의 전공이 물리학이 아닌 데다가 학점도 별로 좋지 않았기 때문에, 서울대학교 대학원에서 입학 허가를 쉽게 내주지 않을 게 분명했다. 다른 대학 대학원으로의 진학 역시 자기 학부 출신을 감싸던 당시의 분위기에서는 그다지 실현 가능한 일이 아니었다. 그래서 결심한 것이 미국 유학이다.

하지만 만족스럽지 못한 학부 성적 때문에, 미국에서도 좋은 대학은 입학 허가를 내주지 않았다. 그래서 버지니아에 있는 작은 칼리지에 물리학 석사 과정으로 겨우 입학할 수 있었다. 시골의 자그마한 학교여서 학생 수도 많지 않고 공부하기도 그리 힘들지 않았다. 덕분에 1년 반 동안의 석사 과정에서 만점에 가까운 학점을 받았다. 이후 교수들에게 무한한 격려와 인정을 받아 명문 대학 대학원에 박사 과정 입학을 신청했고, 아이비리그 대학 중 하나인 펜실베이니아 대학으로부터 입학 허가를 받아 박사 학위를 받을 수 있었다.

미국의 대통령 버락 오바마가 고교 졸업 후 처음 입학한 학교는 옥시덴털 칼리지Occidental College다. 하지만 사람들이 알고 있는 그의 학력은 하버드 법대 졸업이다. 그것도 엄밀히 말하면 하버드 로스쿨로서 '법과대학원'을 말한

Chapter 7 영재들의 대학입시

다. 그리고 오바마는 컬럼비아 대학 학부를 졸업한 것으로 알려져 있다. 컬럼비아 대학도 아이비리그 명문 대학인 만큼 대통령 오바마의 이력으로는 마땅해 보인다. 하지만 오바마가 원래는 컬럼비아 대학에 입학하고 또 그곳을 졸업한 게 아니라는 사실을 아는 사람은 많지 않다.

오바마는 옥시덴털이라는 작은 대학에 입학한 뒤 컬럼비아 대학 3학년에 편입해 그곳에서 학부를 마쳤다. 옥시덴털 칼리지는 캘리포니아에 있는 작은 대학교다. 왜 오바마는 이 학교에 입학했을까? 고교 시절 오바마는 우리가 생각하는 것보다 훨씬 더 방황하던 청소년이었다고 한다. 흑인으로서의 정체성 등에 대한 고민으로 방황하느라 탁월한 재능을 보여주지 못한 탓에 명문 대학 입학은 꿈도 못 꿀 처지였다. 그런 그에게 옥시덴털 칼리지의 문턱은 넘어설 만한 관문이었을 것이다.

그러나 우리는 오바마의 이력을 보면서 다시 한 번 미국 교육 제도의 탁월함을 깨닫게 된다. 비록 고교 시절 기회를 놓쳐 좋은 대학에 진학하지 못하더라도 언제나 새로운 기회를 보장해주는 유연한 대학 편입제도가 바로 미국을 기회의 땅으로 만들어주는 것이 아닐까? 나로서는 미국이기에 가능했던 이런 교육 시스템이 한없이 부러웠다. 능력 있는 학생과 연구자에게 언제든지 다음의 기회를 주고 편견 없이 실력으로 영재들을 발굴하고 대접해주는, 훨씬 효율적인 대학 교육 시스템이기 때문이다.

최근 한국의 대학들도 이와 같이 변화하고 있다. 편입도 활발해지고, 서울대, 포항공대, KAIST 같은 대학도 대학원 입학에서 자기 대학 출신이 아닌 학생들을 50% 이상 선발하고 있다. 언제든지 새로운 교육의 기회를 주는 입시 시스템으로 바뀌고 있는 것이다. 그에 따라 영재들이 한국의 교육 체계

안에서 예기치 않은 실패를 경험하더라도 이를 극복하고 자신의 꿈을 펼칠 기회가 점차 많아지고 있다.

과학고에 진학하지 못하면 일반 인문계 고교로 진학하면 된다. 과학고 입학을 위해 그동안 쌓아온 심화 학습의 성과는 인문계 고교 진학 후 수학, 과학 학습에 크게 노력을 들이지 않아도 좋은 결과를 얻을 수 있는 자양분이 될 것이다. 그런 만큼 과학고 진학을 위해 상대적으로 소홀히 했던 다른 학습에 집중해 어느 과목에 치우치지 않은 높은 성적을 유지하면 원하는 대학에 진학할 수 있다. 목표점으로 가는 길은 한 가지만이 아니다.

우리나라의 대학들은 영재교육기관을 졸업한 영재들에게 문을 더 활짝 열어놓고 있다. 그리고 그 문은 앞으로 더 넓어질 것이다. 하지만 영재교육기관을 졸업했어도 작은 실수나 실패 때문에 원하는 대학에 진학하지 못하는 경우가 있다. 물론 같은 목표에 또다시 도전하는 것도 실패를 극복하는 방법 중 하나다. 하지만 차선으로 택한 대학에서 더 높은 성적을 얻어 보다 우수한 대학원이나 외국의 명문 대학으로 진학하게 된다면, 처음에 목표했던 대학을 나온 학생들보다 더 좋은 교육을 받을 수 있다.

영재로서의 성공은 위대한 리더로서 자리매김할 때 비로소 이루어지는 것이라 생각한다. 그 자리에 이르기까지 여러 가지 난관이 따를 것이고, 여러 차례 실패를 경험할 수도 있다. 하지만 이것을 두려워해서는 안 된다. 자신의 재능을 굳게 믿고 다시 도전하는 자세가 무엇보다 중요하다. 우리 사회는 분명 이런 재도전과 노력에 기회를 주는 열린 사회로 변화하고 있다. 끝없이 도전하는 자에게 기회가 생기고 길이 열린다. 영재로서의 참된 성공이란 부단한 노력으로 최후의 승자가 되는 것이 아닐까.

행복한 영재들에게

병권아! 잘 지내고 있지? 이제 내년이면 너도 졸업이구나. 미국으로 유학 가면서 인사한 게 엊그제 같은데 시간이 벌써 이렇게 흘렀네. 얼마 전 네 페북 담벼락에 올려놓은 동영상은 잘 감상했다. MIT 아카펠라 동호회 친구들인 모양이지? 보스턴 '레드삭스' 홈구장인 펜웨이파크 경기장에서 경기 시작 전에 친구들과 미국 국가를 아카펠라로 부르는 네 모습이 매우 인상적이었단다. 역시 병권이구나 하는 생각이 들더구나. 공부 벌레는 아니었잖니? 생각할 줄 알고 배려할 줄 알고 둘러볼 줄 아는 병권이었으니.

종수도 잘 지내지? 병권이 너보다 1년 늦게 갔지만 역시 자신감으로 똘똘 뭉친 녀석이니 어려움 없이 잘 해내리라 믿는다. 형석이도, 주헌이도 같은 학교에 다니지? 심심하지는 않겠다. 늘 그랬듯이 즐기면서 행복하게 공부하고 있을 거라 믿는다. 스탠퍼드에 있는 지수, 민규하고는 가끔 연락하고 있지? 이제 지수도 벌써 졸업할 나이구나. 종수하고 지수는 중학교 1학년 때부터, 그리고 너는 중학교 2학년 때부터 나와 인연을 맺었으니 참 그 인연도 이젠 8년이 넘었네. 너희처럼 자기 주관을 가지고 행복하게 자기성취를 해나가는 뛰어난 아이들과 함께할 수 있었던 것도 내 행복이라고 생각한다.

기억나니? 우리 함께 중등 경시대회 준비할 때 말이다. 학교 대표로 뽑힌 10여 명이 한 달 동안, 아마 방과 후에는 거의 매일 얼굴 보면서 간식도 밥도 함께 먹으면서 정말 한 식구처럼 지냈잖아. 내 교육 원칙대로 조금이라도 체벌하거나 강요하는 일 없이 자유롭게 너희 마음대로 공부하게 하느라 선생님들도 너희 따라 밤새우기 일쑤였지만, 서로 연구하고 성취하고 발전해 가고 있다고 느꼈기 때문에 참 행복한 시간이었다고 기억한다.

종수는 쉬는 시간마다 침으로 방울을 불어서 교실에 날렸다면서? 또 그걸 배우겠다고 현재하고 성호가 열심히 연습하곤 했고. 쉬는 시간 끝나고 선생님 들어올 때 성호 혼자서 뒤늦게 열심히 침을 불다가 혼나기도 했는데. 기억나니? 너희 간식 주려고 부원장과 함께 도넛 가게에 가서 도넛도 종류별로, 우유도 색깔별로 죄다 섞어서 사 오면 서로 달려들어 아수라장이 되기도 했잖아. 네가 대장처럼 나서서 친구들을 달래야 결국 서로 양보하면서 혼란이 수습되곤 했지. 물론 그런 일이 매일 반복되긴 했지만 말이다. 얌전해서 항상 양보할 수밖에 없었던 지수도 워낙 무난한 성격이라서 큰 불만은 없었지. 정말 개성도 강하고 자아도 강한 녀석들이었어, 너희 모두.

교내 경시대회를 통과한 학교 대표들 같지 않게 공부 벌레 모범생들은 아니었어, 그렇지? 유민이는 엉뚱하면서도 예리한 질문으로 핵심을 찌르곤 했고, 현재하고 종수는 공부 욕심이 참 많아서 뒤지지 않으려고 정말 많이 노력했고, 수다분하게만 보이던 준홍이도 자기가 아는 것에 대해선 얼마나 철저하게 돌아보고 다지면서 공부하던지, 참 놀라웠단다. 늘 장난기 넘치고 행복하고 유쾌하고, 하루하루 서로가 발전해가는 날들이었지. 언제나 새로운 것들을 알아가고, 또 그런 지식으로 자신이 아는 세계가 더 넓어지는 것을 함께 느낄 수 있었던 날들이었다.

겨우 10명 남짓한 우리 경시반에서 네가 서울시 대회 대상을 받고, 지수가 경기도 대회 대상을 받게 되었을 때는 정말 기뻤다. 처음엔 기적이라고 생각했는데, 기적은 아니었지. 너희 모두가 그런 기쁨을 누릴 자격을 갖춘 아이들이었고, 그런 너희를 만났기에 우리도 함께 행복할 수 있었다고 생각한다. 나를 비롯한 선생님들이 한 일이라곤 너희가 가진 재능에 맞는 수업을 준비하고, 그래서 너희가 지겹지 않고 즐겁고 자유롭게 재능을 마음껏 발휘할 수 있게 해준 것뿐이라고 생각해. 너희 모두 정말 훌륭했다.

그 뒤로도 기쁜 소식은 계속되었지. 모두들 과학고로 진학했고, 병권이 너와 지수는 물리 국가 대표가 되어 싱가포르에서 열린 국제물리올림피아드에 나가 나란히 금메달을 목에 걸었고, 준홍이와 종수는 1년 차이를 두고 화학 국가 대표가 되어 국제화학올림피아드에서 금메달과 은메달을 받아 오기까지 했잖아.

우리 경시반 아이들 중에서 과학 국가 대표가 4명이나 나오리라고는 아무도 예상 못했겠지? 하지만 선생님은 알고 있었단다. 너희의 능력을 믿었거든. 난 그저 올바른 안내자의 역할에만 충실했을 뿐이지. 너희가 공부하는 과정에서 싫증내거나 힘을 잃지 않도록 북돋워주고, 농담하고 같이 장난쳐주고… 그게 내 역할이었잖니? 그렇게 행복하게 공부할 수 있다면, 너희가 가진 무한한 재능이 마음껏 발휘될 거라고 의심하지 않았단다.

2~3년 전쯤에 병권이 네가 방학 때 귀국해서 아이들을 불러 모았지? 우

리 모두 패밀리 레스토랑에서 너희 모두와 정말 오랜만에 얼굴을 마주하고 식사할 기회였지. 정말 반가웠다. 코흘리개까지는 아니더라도 아직 앳된 얼굴이었던 중학생 시절에 모였다가 다시 대학생이 되어 만나니 감회가 남다르더구나. 병권이 너와 종수는 MIT로 진학했고, 지수는 스탠퍼드 대학에, 준홍이는 성균관대 의대에, 성호, 현재, 유민이, 병준이는 서울대 전기공학부에, 그리고 동욱이는 서울대 생명과학부에 진학했다고 했지. 참 뿌듯하고 대견했다.

난 너희가 남들보다 그저 조금 더 낫고 편안한 길을 목표로 삼지 않기를 바란다. 유학을 고민하면서 걱정하던 너와 종수와 지수에게 유학을 강하게 권했던 이유도 바로 그거란다. 좀더 원대하게, 세계를 무대로 삼아, 너희가 지금까지 걸어온 대로 자기 노력을 다하기를 바랐던 거야.

행복하게 자신의 재능을 맘껏 펼쳐서, 대한민국이 아니라 세계를 무대로 꿈을 이루어가길 바란다. 선생님 세대에선 꿈꾸지 못했고, 꿈꿀 수도 없었던 그런 엄청난 꿈이길 바란다. 세상을 자신의 과학적인 재능으로 바꾸어 나가고 변혁시킬 수 있기를 바란다. 너희가 만드는 세상에선 너희가 어릴 때 보여준 대로, 서로 베풀고 양보하고 배려하면서 좀더 함께 그 풍요의 결과를 나눌 수 있었으면 하는 바람도 더해본다.

너희는 그럴 능력이 충분하고 분명 이루리라 믿는다. 행복한 노력과 상상을 통해 세계를 바꿀 창의적인 생각이 너희 속에 꿈틀거리고 있다는 건 아니까. 그것을 실현시킬 힘도 너희의 자신감과 의지 속에 들어 있지. 지금처럼만 너희의 재능을 즐기고 완성해나가고 쏟아놓을 수 있으면 돼. 세계의 리더로 우뚝 서 있는 너희의 자랑스럽고 행복한 모습을 오늘도 꿈꾸어보면서 오랜만의 글을 마무리할까 한다. 너희가 자랑스럽다. 그리고 사랑한다!

영재는 과학이다

초판 1쇄 발행 2011년 1월 10일 초판 2쇄 발행 2011년 4월 27일

지은이 이창학 **펴낸이** 연준혁

출판 1분사 편집장 최혜진 **디자인** 차기윤 **일러스트** 이은선
제작 이재승 송현주

펴낸곳 (주)위즈덤하우스 **출판등록** 2000년 5월 23일 제13-1071호
주소 (410-380) 경기도 고양시 일산동구 장항동 846번지 센트럴프라자 6층
전화 031)936-4000 **팩스** 031)903-3891
전자우편 yedam1@wisdomhouse.co.kr **홈페이지** www.yedamco.co.kr
출력 엔터 **종이** 화인페이퍼 **인쇄·제본** (주)현문

값 12,000원 ⓒ이창학, 2011 ISBN 978-89-91731-52-3 13000

*잘못된 책은 바꿔드립니다.
*이 책의 전부 또는 일부 내용을 재사용하려면
 사전에 저작권자와 (주)위즈덤하우스의 동의를 받아야 합니다.

국립중앙도서관 출판시도서목록(CIP)

영재는 과학이다 / 이창학 지음. ― 고양 : 위즈덤하우스, 2011
 p. ; cm

ISBN 978-89-91731-52-3 13000 : ₩12000

영재 교육[英才敎育]

379.2-KDC5
371.95-DDC21   CIP2010004856

『영재는 과학이다』를 구매하신 분들 중 본 쿠폰을 소지하시고
전국 브레인스쿨 센터를 방문하시는 분들께
공개수업 비용을 할인해 드리며 참여 기념품도 드립니다.

공개수업 할인가 6,000원(기본가 18,000원)

www.brainschool.co.kr

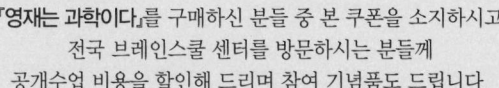

『영재는 과학이다』를 구매하신 분들 중 본 쿠폰을 소지하시고
전국 미래GT아카데미를 방문하시는 분들께
미래GT아카데미 과학교재(MSGT에 한함) 1개월분을 무료로 드립니다.
(기존 고객, 신규 고객 모두 포함)

미래GT아카데미 과학교재(MSGT) 1개월 무료 증정권

※ 2011년 8월 31일까지 등록 고객에 해당되며 회원당 1회에 한함
※ 다른 이벤트와 중복적용 불가 (www.miraegtacademy.co.kr 참조)